Este livro é um presente para:

———————————————————

De:

———————————————————

Data:

———————————————————

Diretora editorial
Maria Fernanda Vigon

Editor responsável
Marcos Simas

Tradução
Alzeli Simas

Preparação de texto
Roberto Barbosa

Design original
Christian Art Gifts

Diagramação
PSimas

Capa
PSimas

Revisão
João Rodrigues Ferreira
Carlos Buczynski
Nataniel dos Santos Gomes
Angela Baptista

SIGA-NOS NAS REDES SOCIAIS

 geograficaed

 geoeditora

 geograficaeditora

 geograficaeditora

Geográfica
editora

Esta obra foi impressa no Brasil e conta com a qualidade de impressão
e acabamento Geográfica Editora.

Printed in Brazil.

E52v
    Elwell, Ellen Banks
      A vida é bela: o cuidado de Deus a cada dia / Ellen
Banks Elwell. Traduzido por Alzeli Simas. – Santo André:
Geográfica, 2019.

    408p. ;
    ISBN 978-65-5655-406-8
    Título original: Life is beautiful.

      1. Fé cristã. 2. Vida cristã. 3. Palavra de Deus. 4.
Devocionais. 5. Livro de orações. I. Título. II. Simas, Alzeli.

CDU 243

Devocionais de um minuto

A vida é bela

O cuidado de Deus a cada dia

Ellen Banks Elwell

1ª edição
Santo André, SP
2019

Geográfica
editora

Janeiro

Deus está em toda parte

Se eu subir com as asas da alvorada e morar na extremidade do mar, mesmo ali a tua mão direita me guiará e me susterá.
Salmo 139.9-10

Se pudéssemos realmente fazer o que o salmista sugere e subíssemos nas "asas da alvorada" para além dos mais distantes oceanos, poderíamos acabar nas Ilhas Fiji. Situado a leste da costa norte da Austrália, o arquipélago de Fiji é composto por mais de trezentas belas ilhas.

Como a linha imaginária internacional que demarca os fusos horários passa exatamente entre algumas dessas ilhas, Fiji é um dos primeiros países do mundo a receber cada novo dia.

A maioria de nós não terá a oportunidade de visitar essas belas ilhas, mas, se o fizéssemos, Deus seria tão presente lá como o é em qualquer outro lugar do universo. Podemos experimentar o amor de Deus e o conforto de sua presença, não importa o lugar em que estejamos. Ele está presente em toda parte.

Pai,
Somos gratas porque sua força e sua direção estão sempre disponíveis, prontas para nos encontrar onde quer que estejamos.
Amém.

1º de janeiro

Isso é tudo

Toda a Escritura é inspirada por Deus e útil para o ensino, para a repreensão, para a correção e para a instrução na justiça, para que o homem de Deus seja apto e plenamente preparado para toda boa obra.
2Timóteo 3.16-17

O apóstolo Paulo começou esses versículos com a palavra toda. "Toda a Escritura é inspirada por Deus e útil." A Bíblia conta uma única história do começo ao fim. Ela começa em um jardim, termina em uma cidade, e todos os caminhos que ela aponta vão diretamente para Jesus. Aprendemos sobre Deus, sobre nós mesmas, sobre o pecado, como Deus nos alcançou e como nos deu seu Filho, Jesus, como o único caminho que devemos conhecer.

A Bíblia nos prepara para lidarmos com nossas lutas. Isso nos ajuda a ganhar uma nova perspectiva, porque vemos sempre o céu à nossa frente. Que rica experiência é mergulhar na Palavra de Deus — e isso faz toda a diferença!

Pai,
A sua Palavra é um presente que nos enriquece. Que possamos valorizar isso todos os dias. Amém.

2 de janeiro

Caminhe com Deus

A Noé, porém, o SENHOR mostrou benevolência. Esta é a história da família de Noé: Noé era homem justo, íntegro entre o povo da sua época; ele andava com Deus.
Gênesis 6.8-9

Noé não era perfeito. A Bíblia deixa isso bem claro. No entanto, ele era justo e andou com Deus. Em toda a Bíblia, caminhar significa muito mais do que algo físico, como colocar um pé à frente do outro para sair ou ir a algum lugar. Caminhar significa relacionamento. Quando uma pessoa escolhia um líder para caminhar junto dele e aprender com ele, isso fazia toda a diferença no mundo.

Ao longo dos anos (levou 120 anos para a arca ser construída), Noé sempre caminhou perto de Deus e foi, posteriormente, elogiado por sua fé, obediência e justiça — (Hebreus 11.7). Como seria agradável se, no fim de nossa vida, outros pudessem dizer sobre nós: "Ela andou com Deus."

Pai,
Desejamos estar cada vez mais perto do Senhor e sentir o seu favor, assim como Noé. Ajude-nos a caminhar ao seu lado a cada dia. Amém.

3 de janeiro

Uma mansão já está preparada

*Na casa de meu Pai há muitos aposentos; se não fosse
assim, eu teria dito a vocês. Vou preparar lugar para vocês.
E, quando eu for e preparar lugar para vocês, voltarei e os
levarei para mim, para que vocês estejam onde eu estiver.*
João 14.2-3

Ocupando 7 hectares na cidade de Provence, na França,
há uma majestosa mansão que é alugada por até 50 mil
dólares por semana. Com 16 quartos e 16 banheiros, há
muito espaço para toda a família! Da mesma forma, no
céu, com espaço mais que suficiente, existem grandes
e imponentes mansões preparadas para que vivamos
por toda a eternidade. Jesus pagou com o próprio sangue o preço por nossa vida, porque quer que vivamos
com ele por toda a eternidade. Nossa entrada é assegu-
rada apenas por nossa fé nele.

Embora possamos, ansiosamente, aguardar as nossas
férias — sejam elas simples acampamentos, sejam um
tempo de descanso em um *resort* de luxo —, nada pode
ser comparado com as maravilhas do nosso lar celestial.
Nossos feriados e fins de semana podem até parecer
terminar rápido demais, porém o céu será a nossa nova
casa, um lugar de descanso e deleite infinito!

Senhor,
Obrigada por eu poder olhar para a esperança que me aguarda.
Ajude-me a não perder de vista o maravilhoso futuro que o Se-
nhor tem para mim. Amém.

Maior que...

*Filhinhos, vocês são de Deus e os venceram, porque aquele que
está em vocês é maior do que aquele que está no mundo.*
1João 4.4

Você ainda se lembra dos símbolos matemáticos de
maior que (>) e menor que (<), que aprendemos na escola? Nenhuma de nós argumentaria contra o fato de
que cinco é maior que três, ou de que três é menor que
quatro. Isso é muito óbvio. Às vezes, porém, o princípio "maior que, menor que" parece mais evidente na
matemática do que na vida espiritual.

Para que nós, filhas de Deus, não nos esqueçamos, o apóstolo João nos lembra de que o Espírito
de Deus é maior que qualquer medo ou tentação
que possamos enfrentar. Não importa que desafios
ou dificuldades estão diante de nós atualmente, o
Espírito que vive em nós é maior que o espírito que
habita neste mundo.

Pai,
Mesmo nos momentos em que não nos parece óbvio, ajude-nos a
acreditar que o seu Espírito é maior que o espírito do mundo. Amém.

5 de janeiro

Comida grátis

Venham, todos vocês que estão com sede, venham
às águas; e, vocês que não possuem dinheiro algum,
venham, comprem e comam! Venham, comprem vinho
e leite sem dinheiro e sem custo. Por que gastar dinheiro naquilo
que não é pão, e o seu trabalho árduo naquilo que
não satisfaz? Escutem, escutem-me, e comam o que é bom,
e a alma de vocês se deliciará na mais fina refeição.
Isaías 55.1-2

Se você viajar para a Áustria e, lá, pedir o prato *Wiener schnitzel* (um tipo de bife de vitela à milanesa) para jantar, reserve alguns bons euros para pagar essa refeição. Se você visitar a Índia e optar por um Frango Tandori, tenha a certeza de ter algumas rúpias em sua carteira. Independentemente de onde comemos, a comida custa dinheiro.

Quando Jesus convida a todos, no mundo inteiro, para desfrutar da festa do evangelho, ele diz que não precisamos de dinheiro. Tudo o que nos pede é que venhamos a ele percebendo nossa maior necessidade e com o coração aberto.

Em troca, ele nos abençoa com o dom gratuito de sua graça e o alimento duradouro de sua presença e de sua Palavra.

Gracioso Pai,
Que bondade a sua de fazer com que o melhor alimento esteja sempre disponível para todos nós, sem custo algum. Amém.

Deus satisfaz

O Deus que fez o mundo e tudo o que nele há é o
Senhor do céu e da terra, e não habita em santuários
feitos por mãos humanas. Ele não é servido por mãos
de homens, como se necessitasse de algo, porque ele
mesmo dá a todos a vida, o fôlego e as demais coisas.
Atos 17.24-25

Imagine se estivéssemos completamente satisfeitas e não houvesse mais em nós qualquer tipo de necessidade. Não teríamos mais necessidade de comer, dormir, beber, perdoar, pagar por algo, perdoar. Sem necessidades para com nosso próprio eu, seríamos totalmente livres para dar atenção às necessidades das outras pessoas. Na verdade, é isso que Deus está fazendo agora mesmo. Ele está cuidando de nossas necessidades.

Aquele que criou alimentos lá no início da criação do mundo ainda os fornece hoje. Aquele que enviou seu Filho para prover o perdão dos pecados continua oferecendo perdão hoje. Deus não nos trouxe à existência para nos deixar por conta própria. Em vez disso, ele demonstra seu amor continuamente, cuidando de todas as nossas reais necessidades.

Gracioso Pai,
Somos gratas pelas muitas maneiras pelas quais o Senhor demonstra o seu cuidado por nós. Amém.

7 de janeiro

Deus ouve e ajuda

. Mas, quanto a mim, ficarei atento ao SENHOR,
esperando em Deus, o meu Salvador,
pois o meu Deus me ouvirá.
Miqueias 7.7

Uma grande fé não se limita apenas aos profetas. A fé do profeta Miqueias pode ser a nossa também. Peça ajuda ao Senhor. Mais que dar uma olhadela em Deus, faça dele o centro de toda a sua atenção. Ele se torna a nossa estrela-guia quando lemos a sua Palavra, pensamos em seu amor e seu poder e falamos com ele por meio da oração.

Eu fico esperando em Deus, o meu Salvador. Às vezes, pensamos que esperar é como se estivéssemos aguardando em uma fila, mas esperar pode ser muito mais produtivo do que simplesmente isso. Nós podemos orar, permanecer na Palavra de Deus e observar sua bondade. Nossa fé crescerá à medida que olhamos nossos desafios à luz do poder de Deus em vez de olhar para Deus na sombra de nossos desafios. Ele certamente vai nos ajudar.

Pai,
O que faríamos sem o Senhor? Obrigada por nos ouvir, ajudar e salvar. Amém.

8 de janeiro

Preciosa sabedoria

[A sabedoria] é mais preciosa do que rubis; nada do que você possa desejar se compara a ela.
Provérbios 3.15

Quão preciosos são os rubis? Junto com o diamante, a esmeralda e a safira, o rubi é considerado uma das quatro pedras mais preciosas e excepcionalmente raras. Ele não é encontrado em qualquer lugar. O rubi é descoberto mais frequentemente em países como Birmânia, Sri-Lanka, Quênia, Madagáscar e Camboja. Se comprássemos uma dessas pedras para colocar em um anel ou pendurar em um cordão, poderíamos pagar facilmente entre 500 e 5 mil dólares por ela.

A sabedoria é ainda mais valiosa do que os rubis, e nós não precisamos viajar para a Ásia, África ou ir a uma joalheria para encontrá-la. A sabedoria é descoberta na Palavra de Deus, com a ajuda de seu Espírito Santo. As únicas ferramentas que precisamos adquirir é uma Bíblia e um coração aberto.

Pai,
Somos gratas por termos acesso permanente à sua sabedoria.
Amém.

9 de janeiro

Uma dívida impagável

Por isso, o Reino dos céus é como um rei que desejava acertar contas com seus servos. Quando começou o acerto, foi trazido à sua presença um que lhe devia uma enorme quantidade de prata. (...) O servo prostrou-se diante dele e lhe implorou: 'Tem paciência comigo, e eu te pagarei tudo.' O senhor daquele servo teve compaixão dele, cancelou a dívida e o deixou ir

Mateus 18.23-24; 26-27

A parábola que Jesus nos conta sobre o perdão ganha mais significado quando entendemos todo o montante de dinheiro envolvido nessa dívida apresentada na parábola. O servo nessa parábola devia 10 mil talentos.

No século I, um talento era equivalente ao salário de um trabalhador por cerca de 15 anos. Isso significava que o servo devia ao seu superior um valor de 150 mil anos de trabalho. Era uma quantia que ninguém poderia pagar.

Assim acontece com o nosso pecado. Deus nos perdoou muito mais do que poderíamos pagar. Porque grande foi o perdão que recebemos, ele nos convida a perdoar os outros.

Senhor,
O perdão que recebemos do Senhor é imensurável. Dê-nos coração capaz de perdoar, para que, da mesma forma, possamos perdoar aqueles que nos ofenderam. Em nome de Jesus, amém.

À imagem de Deus

*Criou Deus o homem à sua imagem, à imagem de
Deus o criou; homem e mulher os criou.*
Gênesis 1.27

Se você viajar para Viena, na Áustria, tente visitar o
palácio de Schönbrunn, um dos mais belos palácios
barrocos de toda a Europa. Como o imperador Franz
Joseph nasceu e cresceu lá, muitos de seus retratos estão
pendurados nas paredes de todo o palácio. Se olhar
esses retratos, você não verá realmente Franz Joseph.
Verá apenas uma imagem de um imperador popular.

De uma maneira similar, sempre que olhamos
outra pessoa — outro ser humano criado por Deus —,
vemos uma imagem de Deus. Embora Deus não tenha
corpo físico, seres humanos são reflexos de sua glória,
mesmo sendo imperfeitos e finitos. Como é incrível
pensar que Deus escolheria mostrar sua glória... por
meio de nós!

Pai,
Ajude-me a refletir a sua glória de uma maneira que lhe agrade.
Amém.

11 de janeiro

Palavras

Que as palavras da minha boca e a meditação
do meu coração sejam agradáveis a ti, SENHOR,
minha Rocha e meu Resgatador!
Salmo 19.14

Quantas palavras você acha que fala em um único dia? Pesquisas estimam que as mulheres geralmente falam cerca de 15 mil palavras por dia, enquanto os homens falam 7 mil, em média. Se você fala um pouco mais ou um pouco menos, ainda assim fala muitas palavras todos os dias.

Quando penso no que diz o Salmo 19.14, me pergunto: "De todas os milhares de palavras que profiro diariamente, quantas delas são agradáveis a Deus? Elas são favoráveis? Graciosas? Adequadas?" As palavras que falo são geralmente indícios do que está acontecendo dentro do meu coração. São expressões externas do que estou pensando. Sempre que confio naquele que é a minha Rocha e meu Redentor, meus pensamentos e minhas palavras gradativamente tornam-se agradáveis a Deus.

Senhor,
Que as palavras da minha boca e os pensamentos do meu coração possam agradá-lo sempre. Amém.

12 de janeiro

O Reino eterno

E assim vocês estarão ricamente providos quando entrarem no Reino eterno de nosso Senhor e Salvador Jesus Cristo.
2Pedro 1.11

Em 2 de junho de 1953, a coroação de Sua Majestade, a rainha Elizabeth II, foi realizada na abadia de Westminster. Depois que seus súditos a reverenciaram, o arcebispo fez a seguinte oração:

> Deus te coroe com uma coroa de glória e justiça, de modo que, tendo uma fé correta e fruto múltiplo de boas obras, tu possas obter a coroa de um reino eterno pelo dom daquele cujo reino permanece para sempre. Amém.

Nenhum reino é eterno, exceto um: o Reino de Jesus Cristo. A oração do arcebispo foi um enorme reconhecimento de que, independentemente de quão grande qualquer dos monarcas humanos possa ser, eles têm um reinado apenas temporário. Um dia, todos nós iremos nos curvar diante do único Rei, a quem todos reverenciamos e a quem toda honra é devida.

> Soberano Senhor,
> Que eu seja achada fiel ao Senhor, para que naquele dia eu esteja preparada para bradar em alta voz: "O Senhor é digno de receber todo o louvor, toda glória e toda honra." Amém.

Uma ponte galopante

[...] ele determinou a força do vento e estabeleceu a medida exata para as águas, [...] fez um decreto para a chuva e o caminho para a tempestade trovejante.
Jó 28.25-26

Quando a famosa ponte Tacoma Narrows, em Washington, abriu para os carros no ano de 1940, foi logo apelidada de *Ponte Galopante*. Não apenas o seu deck balançava, lateralmente, mas também subia e descia mesmo com ventos moderados. O movimento era tão forte que os motoristas relatavam veículos logo à sua frente desaparecendo de sua visão enquanto atravessavam. Quatro meses após sua inauguração, a ponte desmoronou com um vento de pouco mais de 70 quilômetros por hora!

Esse desastre desencadeou uma revolução na pesquisa para descobrir como os ventos afetam as pontes. Deus, o Criador, já sabia de tudo isso. Em sua sabedoria, o autor do universo fez todas as leis que também governam a física das pontes e dos ventos. Deus fez tudo e entende tudo.

Deus Criador,
Sou grata por saber que não há nada que o Senhor não entenda muito bem. Que possamos confiar no Senhor, com todo o nosso ser. Amém.

14 de janeiro

Fazendo sempre o bem

Uma esposa exemplar; feliz quem a encontrar!
É muito mais valiosa que os rubis. Seu marido tem
plena confiança nela e nunca lhe falta coisa alguma.
Ela só lhe faz o bem, e nunca o mal,
todos os dias da sua vida.
Provérbios 31.10-12

Quando leio as palavras "faz bem", geralmente penso em vitaminas e minerais que são adicionados aos alimentos. Quando algo "faz bem", melhora, aperfeiçoa, constrói ou acrescenta coisas boas.

No maravilhoso plano de Deus, ele oferece às esposas tanto o privilégio quanto a responsabilidade de aperfeiçoar a vida dos seus maridos, fazendo-os melhorar, incentivando-os e também apoiando suas iniciativas. Provérbios 31.12 explica como fazemos isso. Apenas devemos prover aos nossos maridos o que é bom, e não o que lhes trará prejuízos. Diariamente, escolhemos ser um trunfo para eles. Também optamos por não os subestimar ou ferir. Se você é casada, pense em uma maneira de fazer o bem ao seu marido ainda hoje.

Pai,
Quero oferecer ao meu marido aquilo que é bom, e não algo que possa prejudicá-lo. Guia-me nessa direção. Amém.

15 de janeiro

Foco em Deus

Então lhes disse: "Cuidado! Fiquem de sobreaviso contra todo tipo de ganância; a vida de um homem não consiste na quantidade dos seus bens" (...) "Assim acontece com quem guarda para si riquezas, mas não é rico para com Deus".
Lucas 12.15, 21

Um homem precisava da ajuda de Jesus e lhe pediu: "Por favor, convença meu irmão a dividir a herança da família comigo." Jesus, que sempre via tudo na perspectiva da eternidade, queria que o homem olhasse para as coisas do alto. Então, ele o advertiu a não se tornar tão horizontalmente focado nas coisas ao seu redor a ponto de negligenciar pensar nas coisas elevadas. Havia algo mais importante, que era o seu relacionamento com Deus.

Às vezes, somos como esse homem. No meio de uma crise, tendemos a nos concentrar no problema e nos esquecemos de buscar as coisas lá do alto. Quando olhamos para Deus, porém, experimentamos sua presença. E é a presença de Deus que nos ajuda a colocar nossas questões e nossos problemas na perspectiva adequada.

Amado Deus,
Que possamos olhar sempre para o Senhor e, assim, obtermos a perspectiva correta diante da vida. Amém.

16 de janeiro

Retorno

Restaura-nos, ó SENHOR, Deus dos Exércitos; faze resplandecer sobre nós o teu rosto, para que sejamos salvos.
Salmo 80.19

Se estamos andando em um caminho ou dirigindo um carro por uma estrada, retornar envolve duas coisas distintas. No momento em que viramos para algo ou para alguém, também estamos nos afastando de outra coisa. Se eu estiver virando à direita, a fim de me dirigir para o sul, estou, ao mesmo tempo, indo para o leste.

A vida é repleta de oportunidades de retorno, tanto de forma literal quanto figurada. Com base na direção que estamos seguindo ou no caminho que estamos apontando, fazemos diariamente escolhas para seguir em frente ou retornar.

Somente nos voltando para Deus podemos perceber sua salvação e experimentar a luz de seu rosto brilhando sobre nós. Somente nos voltando para Deus podemos nos afastar das coisas que ameaçam a nossa vida.

Senhor Deus,
Voltamo-nos para o Senhor em busca de ajuda e salvação. Por favor, dê-nos força para nos desviarmos das coisas que nos prejudicam e nos levam para longe do seu propósito. Amém.

17 de janeiro

Um amor que nos acompanha

*Sei que a bondade e a fidelidade me acompanharão
todos os dias da minha vida, e voltarei à casa
do SENHOR enquanto eu viver.*
Salmo 23.6

Você já saiu para uma caminhada e foi seguida por um cachorro? Espero que tenha sido algo amigável!

A imagem de dois (amigáveis) cães nos seguindo pode realmente ajudar a pensar na maneira como Deus é bom e como o seu inabalável amor nos acompanha por toda a vida.

Quando você olha para trás pensando em sua vida até aqui, quais são as suas lembranças da maneira como Deus a acompanhou? Que pessoas ele colocou na sua vida para compartilhar as Boas-novas? Como ele a sustentou durante os momentos críticos, os quais você não teria conseguido superar sozinha? Dois bons cachorros amigáveis são capazes de acompanhá-la por várias horas, mas a bondade e o amor infalível de Deus durarão muito mais tempo — e nos acompanharão para sempre.

Pai,
Estamos felizes e satisfeitas porque o Senhor tem nos acompanhado até aqui com sua bondade e seu amor. Amém.

A oração faz a diferença

Pedro, então, ficou detido na prisão, mas a igreja
orava intensamente a Deus por ele.
Atos 12.5

Desanimadas. Prostradas. Nós teríamos sentido a mesma coisa se tivéssemos sido amigas de Pedro. Depois de Jesus ter sido crucificado na Páscoa do ano anterior e Tiago ter acabado de ser morto pela espada, Pedro parecia estar destinado ao mesmo fim.

Mas, apesar disso, os amigos de Pedro estavam orando fervorosamente, e Deus enviou um anjo para tirá-lo da prisão e ir direto para a casa onde seus amigos oravam por sua vida!

Você tem alguém que esteja orando por sua vida hoje? Peça a um familiar ou a um amigo que ore a Deus sobre o que a preocupa. E se você está ciente de alguém que precisa de oração, apresente um clamor a Deus em favor dessa pessoa. Então, acredite que algo vai acontecer. A oração fervorosa faz a diferença.

Pai,
Somos gratas pelo privilégio de podermos orar umas pelas outras. Amém.

Nosso pastor nos dá o que precisamos

O SENHOR é o meu pastor; de nada terei falta.
Salmo 23.1

A Nova Zelândia possui um número de ovelhas quase dez vezes maior do que o número de pessoas. Esse maravilhoso país é o lar de cerca de quatro milhões de pessoas e de 47 milhões de ovelhas!

As ovelhas são muito mencionadas na Bíblia, frequentemente fornecendo imagens da nossa vida e do nosso relacionamento com Deus. Ovelhas são completamente dependentes de pastores para sua alimentação, hidratação, orientação e proteção. Sem um pastor cuidando dela, ela é incapaz de sobreviver. Mas se uma ovelha se encontra sob os cuidados de um pastor que a conduz e protege e que trata de suas doenças, ela vive com um senso de segurança e serenidade. Com o Senhor como nosso Pastor, também podemos viver dessa forma. "O Senhor é o meu pastor; de nada terei falta."

Senhor e Pastor,
Somos pessoas necessitadas. Guie-nos, proteja-nos e alimente-nos com sua Palavra. Amém.

20 de janeiro

Orações que esperam

De manhã ouves, SENHOR, o meu clamor; de manhã te
apresento a minha oração e aguardo com esperança.
Salmo 5.3

A manhã, bem cedo, é a minha hora favorita do dia. É calmo do lado de fora. E silencioso em casa. Em vez de ouvir ruídos, tráfego ou vozes, ouço o som suave de pássaros, chuva, vento ou apenas o silêncio. Isso é o que faz da manhã um bom momento para eu ouvir Deus por intermédio de sua Palavra e ao mesmo tempo falar com ele por meio da oração.

Ao ler sua Palavra, minha mente é renovada. Enquanto espero ansiosamente por sua resposta às minhas orações, sou encorajada, sabendo que outros que viveram antes de mim, como os salmistas, também oraram e receberam suas respostas. E quando vejo sua provisão ao longo de cada dia, sorrio, pensando: "Deus, o Senhor ouviu a minha voz nesta manhã!"

Pai amoroso,
Embora o Senhor nos ouça a qualquer hora do dia ou da noite, sou especialmente grata pela calma do início da manhã. Quero agradecer de coração pelas suas respostas. Amém.

21 de janeiro

A hospitalidade abençoa

Uma das que ouviam era uma mulher temente a Deus chamada Lídia, vendedora de tecido de púrpura, da cidade de Tiatira. O Senhor abriu seu coração para atender à mensagem de Paulo. Tendo sido batizada, bem como os de sua casa, ela nos convidou, dizendo: "Se os senhores me consideram uma crente no Senhor, venham ficar em minha casa". E nos convenceu.

Atos 16.14-15

Talvez você tenha gostado da hospitalidade de amigos ou de membros da família que a receberam em seu coração ou em seus lares com calor e generosidade. Depois de termos recebido tal hospitalidade, muitas vezes queremos estendê-la a outros. A hospitalidade tem o potencial de abençoar tanto o hóspede quanto o anfitrião. Os hóspedes têm a oportunidade de serem revigorados, enquanto os anfitriões têm, na ocasião, uma chance de ver alguma outra pessoa se fortalecer, ou recuperar as forças, com sua ajuda.

Se alguém tem sido hospaleiro com você, considere agradecer com um cartão, uma mensagem, um telefonema ou um e-mail. Se você conhece alguém que merece ser reconhecido por sua hospitalidade, estenda um convite a essa pessoa para tomar um chá ou dar um passeio. É um bênção ser um hóspede, mas também é uma bênção receber um convidado.

Pai,
Como o Senhor nos abençoou, podemos estender essa bênção para outros. Amém.

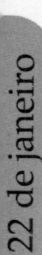

22 de janeiro

Seguro em suas mãos

Ora, quando o SENHOR falou com Moisés no Egito, disse-lhe:
"Eu sou o SENHOR. Diga ao faraó, rei do Egito, tudo o que eu
disser a você". Moisés, porém, perguntou ao SENHOR: "Como o
faraó me dará ouvidos, se não tenho facilidade para falar?"
Êxodo 6.28-30

Moisés é um dos muitos personagens da Bíblia que me intrigam. Às vezes, ele discutia com Deus. Algumas vezes se queixava. Outras vezes questionava. E o que Deus fez? Ouviu. Ele se importava. E pediu a Moisés que estivesse próximo dele e trabalhou em sua vida de uma forma poderosa.

Deus faz isso conosco também. Podemos trazer nossos argumentos, nossas reclamações e perguntas diretamente a ele. Porque Deus é o mesmo hoje, como era nos dias de Moisés, ele vai nos ouvir, cuidar de nós e nos pedir a devida atenção, e irá trabalhar poderosamente. Depois das perguntas de Moisés, o que aconteceu na vida dele? Ele fez exatamente o que o Senhor havia ordenado (Êxodo 7.6). Esperançosamente, nós também faremos.

Deus,
Somos muito gratas pela sua paciência conosco. Que possamos segui-lo de perto. Amém.

23 de janeiro

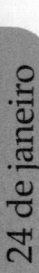

Muros de segurança

O muro ficou pronto no vigésimo quinto dia de elul, em cinquenta e dois dias. Quando todos os nossos inimigos souberam disso, todas as nações vizinhas ficaram atemorizadas e com o orgulho ferido, pois perceberam que essa obra havia sido executada com a ajuda de nosso Deus.

Neemias 6.15-16

Os muros eram uma parte tão comum da vida antiga, que uma cidade sem um era simplesmente inimaginável. Muros forneciam força, proteção e até beleza. Apesar de as pessoas saírem da cidade para cultivar, viajar ou cuidar dos seus negócios, era para casa, dentro dos muros da cidade, que elas retornavam. Neemias estava compreensivelmente angustiado por saber que a muralha de Jerusalém havia sido destruída, e por isso foi um dia de grande alegria quando concluiu a reconstrução. Neemias compreendeu o papel essencial dos muros na vida de Israel.

Na Bíblia, os muros representam a segurança que podemos encontrar em Deus, assim como os terríveis resultados que experimentamos quando operamos fora de seu plano protetor. Viver dentro dos "muros" do cuidado protetor de Deus nos oferece segurança, não confinamento.

Senhor,
Às vezes, olhamos para os muros, manifestação do seu cuidado conosco, pensando que as coisas do outro lado são mais desejáveis e exuberantes. Ajude-nos a encontrar alegria e segurança em seu cuidado. Amém.

Poder magnífico

Acaso você entrou nos reservatórios de neve, já viu os
depósitos de saraiva, que eu guardo para os períodos de
tribulação, para os dias de guerra e de combate?
Jó 38.22, 33

Se você já viveu em Cervinia, na Itália, neve caindo não seria nenhuma ocorrência incomum. Esse verdadeiro resort para os praticantes de esqui recebe cerca de um metro de neve por ano. Para as pessoas que viveram nos tempos bíblicos, contudo, a neve não era comum. Ela caía apenas uma vez ou outra, com intervalo de anos. Interessante, então, que quando Deus falou com Jó por meio de um redemoinho, ele fez uso da imagem da neve apontando para a realidade de seu mistério e poder.

Onde você já viu neve? Se já a presenciou na Itália, na Suíça, no Chile, na Argentina ou no Colorado, você testemunhou algo que veio diretamente do estoque de Deus, algo que é evidência de sua magnitude. Deus, que tem o poder de enviar a neve, tem o poder de nos ajudar também.

Pai,
Obrigada por belos vislumbres que podemos ter do seu poder.
Amém.

Derrame seu coração

Confiem nele em todos os momentos, ó povo; derrame diante dele o coração, pois ele é o nosso refúgio.
Salmo 62.8

Há um conhecido restaurante nos Estados Unidos em que, se você pedir um milk-shake, o garçom perguntará se você gostaria de aproveitar para se inclinar um pouco para trás e recostar a cabeça! Caso concorde, ele lhe dará um copo vazio para colocar (na posição vertical) em sua testa. Depois vai encher o copo enquanto você estiver inclinada! O desafio é colocar o milk-shake no copo sem derramar. Derramar é, quase sempre, uma verdadeira bagunça.

Abrir o nosso coração e derramá-lo diante de Deus pode ser uma verdadeira bagunça também. Quando começamos a conversar com Deus sobre o que está em nosso coração, o conteúdo do qual falamos pode nos surpreender, e tudo pode soar um pouco confuso. Duvido, no entanto, de que Deus se importe com toda essa confusão. Ele veio à terra, em Jesus, para nos ajudar a lidar com as nossas muitas bagunças e confusões. Então, simplesmente comece a derramar o que realmente está em seu coração diante do Senhor.

Pai,
Que possamos perceber que os sentimentos e o conteúdo de nosso coração estão completamente seguros em Cristo. O Senhor já sabe tudo. Amém.

Temor?

O temor do SENHOR é o princípio da sabedoria; todos os que cumprem os seus preceitos revelam bom senso.
Salmo 111.10

Você quer entender o que é verdadeiro, certo e duradouro? Gostaria de crescer em percepção, conhecimento e discernimento? Você não necessita de dinheiro para adquirir tudo isso, mas precisa de temor. Não do tipo de temor causado por uma sensação de perigo, mas de um que gera extrema admiração, reverência e respeito por Deus. Esse é o fundamento da sabedoria.

Um fundamento é planejado e executado para que uma construção segura seja possível, e esse fundamento que estamos considerando aqui não é diferente. Quando honramos a Deus, vivemos no temor de seu poder e obedecemos a sua Palavra em todas as áreas de nossa vida. Você quer ser sábia? Cresça em reverência e temor a Deus!

Pai,
Precisamos de sua sabedoria diariamente. Que possamos investir tempo na leitura e na meditação de sua Palavra e aumentar nosso temor pelo Senhor. Amém.

27 de janeiro

Entregue seus cuidados a Deus

Lancem sobre ele toda a sua ansiedade,
porque ele tem cuidado de vocês.
1Pedro 5.7

Se decidir dar um livro de presente a uma amiga, você deve entregá-lo pessoalmente a ela, levando-o na casa dela ou deixando-o no carro dessa amiga. Contudo, é você quem decide fazer isso. Você é aquela que presenteia com o livro, e sua amiga é aquela que o recebe.

O processo de entregar nossas preocupações e cuidados a Deus é semelhante. Ele é ativo, não passivo, e envolve um doador e um receptor. Um benefício óbvio em dar e levar a Deus nossas preocupações e cuidados é que nós somos capazes de ficar livres de pensamentos problemáticos. Um segundo benefício é que estamos levando nossas preocupações a alguém que se preocupa de verdade conosco.

Talvez o maior benefício em deixar nossas preocupações e cuidados nas mãos de Deus é porque ele é totalmente amoroso, plenamente sábio e absolutamente poderoso, podendo, assim, nos ajudar muito melhor do que qualquer outra pessoa!

Pai,
Ficamos perturbadas com nossos cuidados e passamos a nos preocupar excessivamente com eles. Queremos trazê-los ao Senhor a partir de agora. Amém.

Mensagem sem palavras

*Os céus declaram a glória de Deus; o firmamento proclama
a obra das suas mãos. Um dia fala disso a outro dia;
uma noite o revela a outra noite. Sem discurso nem palavras,
não se ouve a sua voz. Mas a sua voz ressoa por toda a terra,
e as suas palavras, até os confins do mundo.*

Salmo 19.1-4

Todos os dias transmitimos mensagens uns aos outros sem usar palavras. Sorrimos, expressamos nossa reprovação ou insatisfação, estalamos os dedos e até duvidamos quase que silenciosamente. Deus também transmite mensagens sem palavras. Você já experimentou caminhar em uma noite de céu limpo e estrelado, observando o brilho da lua cheia, e pensou: *Como isso é espetacular?*

Você estava respondendo a mais uma mensagem sem palavras de Deus, que está disponível para todo mundo. Essa é a importante mensagem que fala da sua glória. Como Isaac Watts escreveu: "A natureza, com seu evidente esplendor, elogia o Criador." A cada ano, noite após noite, podemos olhar para os céus e nos lembrar do poder e do amor de Deus, sem que ele diga uma única palavra sequer.

Pai,
Obrigada por espalhar a sua glória através do céu de modo que possamos percebê-la. Amém.

Branco como a neve

"Venham, vamos refletir juntos", diz o SENHOR.
"Embora os seus pecados sejam vermelhos como escarlate,
eles se tornarão brancos como a neve; embora sejam
rubros como púrpura, como a lã se tornarão".
Isaías 1.18

Enquanto olho pela minha janela, nesta manhã gelada, tudo está coberto por um lençol de neve recém-caída. Quando os veículos e objetos que retiram a neve aparecem, o cenário começa a ficar um pouco sujo, mas, por um momento, ainda parece limpo.

A neve recém-caída é uma imagem apropriada do que nosso coração se parece depois que somos perdoadas por Deus. Quando Jesus derramou seu sangue na cruz pelos meus e pelos seus pecados, ele tornou possível que nosso coração ficasse branco e limpo. Quando confessamos o nosso pecado a Deus e pedimos o seu perdão, ele faz com que, graciosamente, o nosso coração fique branco como essa neve. *O que pode lavar o meu pecado? Nada além do sangue de Jesus!*

Pai,
Somos gratas ao Senhor pelo coração purificado que recebemos por meio do sangue de Jesus Cristo. Amém.

30 de janeiro

Olhe para o alto

*Vocês precisam perseverar, de modo que, quando tiverem feito
a vontade de Deus, recebam o que ele prometeu; pois em breve,
muito em breve "Aquele que vem virá, e não demorará. Mas o meu
justo viverá pela fé. E, se retroceder, não me agradarei dele".*
Hebreus 10.36-38

Ao dirigir por grandes vias expressas, não é incomum encontrarmos algumas placas ou propagandas com a seguinte mensagem: EVITE ATRASOS. SAIA MAIS CEDO. Os atrasos podem nos deixar paradas no trânsito congestionado, e, por vezes, podem nos frustrar, uma vez que os nossos planos para o dia podem ser prejudicados.

Outras vezes, experimentamos interrupções na vida que nos submetem a atrasos maiores, como uma doença, a perda do emprego ou relacionamentos rompidos. Embora essas situações constantemente nos convidem ao desânimo ou a desistir de acreditar, uma boa opção é olhar para o alto. Assim como Deus ajudou outras pessoas no passado, podemos ter a certeza de que ele está disposto a nos ajudar também. Os justos vivem pela fé e procuram sempre olhar para o alto, onde está o trono de Deus.

Pai,
Quando sentirmos vontade de desistir, por favor, dê-nos a sua força para suportarmos. Queremos olhar para o alto! Amém.

31 de janeiro

Fevereiro

Conhecendo Deus

"Parem de lutar! Saibam que eu sou Deus! Serei exaltado entre as nações, serei exaltado na terra".
Salmo 46.10

Você já conheceu alguém que, mais tarde na vida, tenha se tornado muito famoso? Talvez tenha sido um amigo de infância que cresceu e ganhou uma medalha de ouro nos Jogos Olímpicos, ou alguém que tenha se tornado um famoso jogador de futebol, jogando por um grande time. Talvez alguém com quem você tenha trabalhado e que foi escolhido para ocupar um importante cargo público. E, agora, você diz: "Eu o conheci quando..."

Um dia, cada ser humano de todas as nações do mundo dobrará seus joelhos diante de Cristo e confessará o nome do Senhor. Nesse dia, essas pessoas que passam tempo com ele agora serão gratas por terem-no conhecido enquanto estiveram aqui na terra. E, no fim de tudo, Deus será honrado por todos.

Pai,
Obrigada, porque conhecer o Senhor aqui na terra nos prepara para honrá-lo para sempre no céu. Amém.

1º de fevereiro

O favor de três reis

Bendito seja o SENHOR, o Deus de nossos antepassados,
que pôs no coração do rei o propósito de honrar desta maneira
o templo do SENHOR em Jerusalém, e que, por sua bondade,
favoreceu-me perante o rei, seus conselheiros e todos os seus
altos oficiais. Como a mão do SENHOR, o meu Deus, esteve
sobre mim, tomei coragem e reuni alguns líderes de
Israel para me acompanharem.
Esdras 7.27-28

O livro de Esdras é uma história notável de como Deus abençoou o seu povo diante de seus inimigos. Os israelitas haviam sido exilados da Terra Prometida por causa do seu pecado, mas Deus moveu o coração de três reis pagãos para trazê-los de volta à sua terra natal. Eles emitiram decretos autorizando o povo judeu a voltar e reconstruir a cidade de Jerusalém e o Templo. O rei Artaxerxes ordenou que a eles fosse dada uma grande riqueza: 22.750 quilos de prata, três toneladas e meia de utensílios de prata e três toneladas e meia de ouro!

Por que o imperador sancionaria tal prejuízo ao seu próprio tesouro? Só porque a mão graciosa de Deus moveu seu coração!

Senhor,
Há momentos em que as circunstâncias da vida parecem insustentáveis. Obrigada porque, em sua graça, o Senhor move as pessoas e as circunstâncias para realizar sua vontade. Amém.

2 de fevereiro

Em direção à santidade

Afastem-se de toda forma de mal. Que o próprio
Deus da paz os santifique inteiramente. Que todo o espírito,
alma e corpo de vocês sejam preservados irrepreensíveis
na vinda de nosso Senhor Jesus Cristo.
1Tessalonicenses 5.22-23

Somente Deus pode nos fazer pessoas santas. É nossa responsabilidade, no entanto, fazer escolhas que nos movam nessa direção. Se eu disser que desejo viajar para o norte, mas, então, seguir para o sul, estarei sabotando meus próprios objetivos e palavras. Se disser que desejo ser santa, mas inclinar-me para a direção do mal, estarei minando meu objetivo. O apóstolo Paulo falou aos crentes em Tessalônica sobre essa questão.

Ele os encorajou a se moverem em direção à santidade, evitando o mal, e, assim, Deus seria fiel para torná-los santos. A santidade é um processo que começa com Deus e continua em Deus, mas é nossa responsabilidade não sabotar o processo.

Pai,
Obrigada por nossa liberdade de fazer escolhas. Queremos escolher coisas que nos ajudem a crescer em santidade. Amém.

Uma boa reputação

Um bom nome é melhor do que um perfume finíssimo,
e o dia da morte é melhor do que o dia do nascimento.
Eclesiastes 7.1

As ilhas Comores, ao largo da costa sudeste da África, exportam cerca de 80% de *ylang ylang* do mundo, que é o principal ingrediente de perfumes famosos e caros, como o Chanel nº 5. Em Comores, um quilo de *ylang ylang* é vendido a aproximadamente 230 dólares.

Destacando como a essência de qualquer perfume é cara, a Bíblia nos lembra de que uma boa reputação tem mais valor do que a mais cara essência. Assim como os perfumes de alta classe são feitos a partir de ingredientes caros, uma boa reputação se constrói a partir de atitudes piedosas, palavras e ações. Felizmente, não conseguimos produzir esses "ingredientes" por conta própria. A Palavra e o Espírito de Deus são os recursos que temos para isso.

Pai,
Que possamos nunca subestimar o enorme valor de uma boa reputação. Amém.

Luz na escuridão

*Mesmo que eu diga que as trevas me encobrirão,
e que a luz se tornará noite ao meu redor, verei que
nem as trevas são escuras para ti. A noite brilhará
como o dia, pois para ti as trevas são luz.*
Salmo 139.11-12

Quando criança, eu tinha pavor do escuro. Muitas noites, dormi com minha luz para leitura noturna acesa. Apesar de eu não dormir mais com a luz acesa, ainda não gosto da sua ausência total. Meu marido sabe que se ele desligar as luzes da lavanderia enquanto eu estiver lá, fazendo algo, vou gritar!

Anos atrás, encontrei um imenso conforto ao perceber que para Deus a noite brilha tanto quanto o dia. A Bíblia me assegura que Deus é luz; nele não há treva alguma (1João 1.5). Então, se estou com a luz acesa ou no escuro, para Deus é tudo a mesma coisa. Sinto-me confortada ao saber que jamais poderei me perder de Deus.

Deus, o Senhor é luz.
Sou grata por encontrar segurança em sua maravilhosa luz. Amém.

Aba Pai

Pois vocês não receberam um espírito que os escravize para novamente temerem, mas receberam o Espírito que os torna filhos por adoção, por meio do qual clamamos: "Aba, Pai". O próprio Espírito testemunha ao nosso espírito que somos filhos de Deus.
Romanos 8.15-16

Segundo uma pesquisa feita pelo Dr. Davis e pelo Dr. MacNeilage, da Universidade do Texas, padrões de balbuciação entre os bebês são comuns entre muitas linguagens em todo o mundo. Davis diz que "uma das marcas de murmúrio típica de um bebê é a forma rítmica que ocorre, significando que todas as sílabas são aproximadamente do mesmo comprimento. Um exemplo seria repetir 'ba-ba-ba-ba'."

O uso de Paulo da palavra tem sua origem no vocábulo aramaico *ab-bah*, uma curiosa e consistente semelhança com as conclusões dos pesquisadores. Quem já observou uma criança sabe a alegria que um pai tem quando seu filho balbucia as palavras *Ba-ba* ou *Da-Da*! Nós somos filhas de Deus, e ele está ansioso para nos ouvir dizer *A-ba*.

Aba Pai,
Sou grata por ser sua filha, e porque o Senhor tem grande alegria em ouvir as minhas orações. Amém.

Pergunte "Quem"

*SENHOR, ouvi falar da tua fama; tremo diante
dos teus atos, SENHOR. Realiza de novo, em nossa época,
as mesmas obras, faze-as conhecidas em nosso tempo;
em tua ira, lembra-te da misericórdia.*

Habacuque 3.2

A pergunta "Por quê?" é frequentemente ouvida dos lábios de crianças a partir de três anos, mas adultos também fazem isso. Quando não entendemos alguns eventos acontecendo ao nosso redor, perguntamos: "Por quê?" Quando as coisas parecem injustas, indagamos: "Por quê?"

O profeta Habacuque, corajosamente, fez a Deus as mesmas perguntas — e outras mais. De maneira surpreendente, Deus não respondeu à pergunta "Por quê?" Em vez disso, ele respondeu à pergunta "Quem?" Habacuque foi encorajado a confiar que Deus é pleno de poder, amor e justiça, e que ele está sempre no controle.

Fazer a pergunta "Quem?" nos ajuda a não cair em desespero, mas, ao contrário, crescer em confiança. A resposta a essa consulta é encontrada em uma relação de confiança com o primeiro e único Deus.

Pai,
Obrigada porque, no Senhor, o foco não está no "Por quê?"
Então, ajude-nos a ter uma perspectiva adequada. Amém.

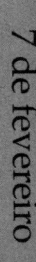

7 de fevereiro

Ansiando por água

Como a corça anseia por águas correntes, a minha alma anseia
por ti, ó Deus. A minha alma tem sede de Deus, do Deus vivo.
Quando poderei entrar para apresentar-me a Deus?
Salmo 42.1-2

Você não tem que ensinar um cervo a procurar água. Qualquer pessoa que já tenha assistido a um programa de TV especializado em natureza conhece a forma como os animais se reúnem nos poços de água para matar a sede. Deus estabeleceu a sede em animais, e eles gravitam em torno de onde há água para se satisfazerem.

As pessoas têm a mesma sede. A partir do primeiro momento de vida, as crianças, instintivamente, sugam, em busca do leite da mãe. O salmista vê que o coração humano é da mesma forma — ele tem sede de Deus.

Algumas pessoas tentam satisfazer essa sede com coisas que jamais poderão saciá-las. Aquelas que são sábias reconhecem que Deus nos fez para ele mesmo, e é somente nele que seremos capazes de encontrar a verdadeira satisfação.

Pai,
Ajude-me a reconhecer que o meu desejo é pelo Senhor. Que eu possa vir sempre ao Senhor em busca da minha plena satisfação.
Amém.

Hospitalidade fiel

Amado, você é fiel no que está fazendo pelos irmãos,
apesar de não os conhecer.
3João 1.5

Refeições elegantes, porcelana fina e peças decorativas exuberantes — a hospitalidade pode incluir essas coisas, mas se estende muito além de grandes encontros e pequenos jantares festivos. Hospitalidade é, principalmente, mostrar o cuidado para com os outros, demonstrando uma preocupação pessoal e interesse para com o que está acontecendo na vida deles.

Às vezes, as pessoas precisam de um lugar para ficar, e você tem um quarto disponível. Outras vezes, um amigo que está hospitalizado necessita de uma visita e de ânimo. Talvez a sua vizinha seja uma viúva que não tem ninguém para levá-la ao médico, quando está doente. Perguntar-se "Como posso trazer calor e alegria a esta pessoa?" é um boa maneira de começar.

Pai,
Que eu possa ser fiel a Deus, mostrando hospitalidade para com os outros. Amém.

Espere em silêncio

A minha alma descansa somente em Deus;
dele vem a minha salvação. (...) Descanse somente em Deus,
ó minha alma; dele vem a minha esperança.
Salmo 62.1, 5

Várias horas depois de minha família embarcar em um avião, em Munique, fomos informados de que o nosso voo de dez horas para Chicago havia sido cancelado. Depois de esperar na linha — mais uma vez — durante mais algumas horas, nós fizemos uma descoberta deliciosa.

A companhia aérea tinha organizado tudo para ficarmos em um luxuoso hotel, com um jantar gourmet de cortesia e café da manhã no dia seguinte. Além disso, ela nos deu novos bilhetes na primeira classe no próximo voo, entre Munique e Chicago! Eu me senti animada, mas, ao mesmo tempo, contrariada. De fato, eu estava esperando impacientemente, quando, de repente, aconteceu uma bênção, logo adiante.

O céu, também, está logo ali adiante. Podemos esperar pacientemente por meio da nossa confiança em Cristo e da lembrança de que Deus sempre está no controle.

Deus,
Em nossos tempos de espera, por favor, traga sua paz e a sua tranquilidade ao nosso coração. Amém.

Prioridades duradouras

Vocês têm plantado muito, e colhido pouco. Vocês comem,
mas não se fartam. Bebem, mas não se satisfazem. Vestem-se,
mas não se aquecem. Aquele que recebe salário, recebe-o
para colocá-lo numa bolsa furada.
Ageu 1.6

Dois mil e quinhentos anos atrás, o profeta Ageu desafiou o povo judeu a reavaliar suas prioridades porque algo estava desequilibrado. Enquanto o povo estava vivendo em casas de luxo, a casa de Deus estava em ruínas. Ageu ajudou as pessoas a verem que, apesar de estarem ocupadas com afazeres legítimos, elas não estavam se concentrando no que era mais importante nem estavam realizando algo realmente relevante e duradouro.

Com facilidade, também fazemos assim. O que Deus deseja de nós hoje em dia é o mesmo que ele desejou do povo judeu, tantos anos atrás. Ele deseja que o que é importante para ele e seu reino se torne importante para nós. Isso é o que vai, no fim das contas, ter valor.

Pai,
Às vezes, estamos muito ocupadas, mas pouco produtivas. Por favor, dê-nos sua sabedoria para focarmos o que é eterno. Amém.

Confortar os desanimados

Exortamos vocês, irmãos, a que advirtam os ociosos,
confortem os desanimados, auxiliem os fracos,
sejam pacientes para com todos.
1Tessalonicenses 5.14

Você conhece, trabalha ou vive com uma pessoa desanimada? Pessoas assim costumam ser introvertidas, acanhadas, um tanto melancólicas, e não é muito difícil vê-las abatidas, desanimadas com a vida e sem grandes sinais de esperança sobre o futuro. É aí que o incentivo é bem-vindo.

Na próxima vez que você encontrar uma pessoa desanimada, pense nisso como uma oportunidade de ser uma encorajadora que pode ajudar a mudar a vida dela. Como você pode expressar seu interesse por ela? O que você deve dizer que pode servir de estímulo para ela? Existe uma maneira de ajudar a aliviar o abatimento dessa pessoa?

Servindo, tranquilizando, encorajando ou sorrindo, você tem a oportunidade de ser mensageira de Deus. Até mesmo um pequeno incentivo pode levar essa pessoa mais longe.

Pai,
Que possamos ser encorajadoras para aqueles ao nosso redor que estão sentindo-se desanimados. Amém.

Lembre-se da fidelidade de Deus

Percorram Sião, contornando-a, contem as suas torres, observem bem as suas muralhas, examinem as suas cidadelas, para que vocês falem à próxima geração que este Deus é o nosso Deus para todo o sempre; ele será o nosso guia até o fim.
Salmo 48.12-14

É bom recordar os momentos de nossa vida em que Deus nos ajudou, nos protegeu ou nos resgatou. Transmitir essas histórias aos nossos filhos, netos ou sobrinhos é ainda melhor. No Salmo 48, um exército estrangeiro estava prestes a atacar as portas de Jerusalém, mas Deus, milagrosamente, deixou o inimigo em pânico. Porque o povo de Jerusalém foi protegido, houve uma celebração "pós-vitória" com muitas pessoas pelas ruas da cidade, e elas, então, louvaram a Deus pela sua ajuda e pela intervenção na vida delas. E essa se tornou uma história maravilhosa para ser compartilhada com gerações futuras.

Como Deus ajudou e guiou a sua vida até aqui? Considere como você pode compartilhar sobre a fidelidade do Senhor a um membro mais jovem da sua família.

Pai,
Queremos recordar sempre a sua fidelidade e contar para as gerações futuras, de tal maneira, que sua glória seja lembrada sempre. Amém.

13 de fevereiro

Promessas mantidas

"Embora os montes sejam sacudidos e as colinas sejam removidas, ainda assim a minha fidelidade para com você não será abalada, nem a minha aliança de paz será removida",
diz o SENHOR, que tem compaixão de você.
Isaías 54.10

Quando você escuta a frase "mover montanhas", o que vem à sua mente? Perder dez quilos? Limpar a bagunça de sua garagem? A crise mundial de saúde provocada por alguma nova epidemia? Comparar algo com "uma montanha a ser movida" significa que é algo incrivelmente difícil, se não impossível de fazer.

Para poder realmente mover montanhas geologicamente reais, placas por baixo da superfície da terra precisariam ser movimentadas, seria necessário vulcões entrarem em erupção ou terremotos ocorrerem.

Felizmente, nenhum desses fenômenos acontecem todos os dias. Deus usou a imagem de mover montanhas para nos garantir que, mesmo que o improvável possa sempre acontecer, o seu amor será permanente e suas promessas jamais serão quebradas.

Pai,
Pela promessa de seu amor, nós lhe agradecemos. Amém.

Uma surpreendente capacidade

Fui eu que fiz a terra e nela criei a humanidade.
Minhas próprias mãos estenderam os céus;
eu dispus o seu exército de estrelas.

Isaías 45.12

Você sabe qual é a sua envergadura? Geralmente, é a mesma medida que a sua altura. Com essa noção em mente, que tipo de coisas você pode pegar com as mãos ao se esticar? Uma bagagem, uma fita adesiva, a coleira de um cão?

A diferença entre o que podemos pegar a partir da máxima elasticidade de nossos braços e o que Deus pode alcançar no vasto céu deste universo com seus "braços" é tão grande que dificilmente somos capazes de conceber. Quando refletimos sobre como somos pequenas quando comparadas a Deus, devemos agradecer porque ele, o Senhor do universo, se dispôs a entrar em nosso mundo, para que pudéssemos ter um relacionamento com ele. Essa foi uma atitude admirável.

Deus Pai,
Somos gratas porque o Senhor nos criou e porque pretende ter um relacionamento conosco. Amém.

Refrescante descanso

"Venham a mim, todos os que estão cansados e sobrecarregados, e eu darei descanso a vocês. Tomem sobre vocês o meu jugo e aprendam de mim, pois sou manso e humilde de coração, e vocês encontrarão descanso para as suas almas. Pois o meu jugo é suave e o meu fardo é leve".
Mateus 11.28-30

Muitas religiões do mundo pautam-se em um monte de regras e proibições. Faça isso... Não faça aquilo... O primeiro desafio é aprender as regras, mas um desafio ainda maior é segui-las. Para essas religiões, o grau com que as pessoas se doam e se esforçam para cumprir as regras e atender às exigências normalmente define a qualidade de sua existência, que é, muitas vezes, tensa e insegura.

Na Bíblia, Deus nos mostra o caminho para a vida, mas ele não espera que o trilhemos pela nossa própria capacidade. Ele realmente se oferece para viver dentro de nós. Em vez de pesar nossa alma com exigências impossíveis, ele nos oferece descanso nele, apenas porque dependemos exclusivamente do que Cristo já realizou por nós na cruz.

Pai,
Obrigada por enviar Jesus para realizar o árduo trabalho de salvação para que nossa alma pudesse encontrar descanso no Senhor. Amém.

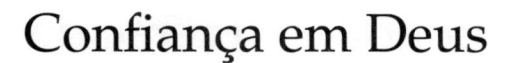

Confiança em Deus

Parem de confiar no homem, cuja vida não passa
de um sopro em suas narinas. Que valor ele tem?
Isaías 2.22

"Mas bendito é o homem cuja confiança está
no SENHOR, cuja confiança nele está".
Jeremias 17.7

Quanto de ar uma respiração pode fornecer a uma pessoa? O suficiente para engolirmos alguns goles de água. Por quanto tempo uma respiração pode durar? Depende. Para a maioria de nós, uma respiração dura apenas alguns segundos. Para um mergulhador com enorme capacidade pulmonar e muito treinamento, pode ser de alguns minutos. De qualquer maneira, uma respiração normalmente não dura muito tempo.

A Bíblia nos adverte que não devemos colocar a nossa confiança em seres humanos, porque os seres humanos são tão frágeis quanto uma respiração ou um sopro. Em vez disso, somos encorajadas a confiar em Deus. Se você está enfrentando desafios, que parecem estar acima de suas forças, expresse seus sentimentos a Deus e peça-lhe ajuda. Esse é o passo para fazer de Deus a sua esperança e confiança. Quando você depender exclusivamente dele, será abençoada.

Pai,
O Senhor é digno de nossa confiança. Amém.

17 de fevereiro

Bondade imerecida

Mas, quando, da parte de Deus, nosso Salvador, se manifestaram a bondade e o amor pelos homens, não por causa de atos de justiça por nós praticados, mas devido à sua misericórdia, ele nos salvou pelo lavar regenerador e renovador do Espírito Santo, que ele derramou sobre nós generosamente, por meio de Jesus Cristo, nosso Salvador.

Tito 3.4-6

Há alguns anos, meu marido e eu ouvimos falar de um casal de refugiados que havia acabado de se mudar para a nossa cidade. Nós queríamos ajudá-los, e, então, começamos a apresentá-los às pessoas de nossa igreja. Com o passar do tempo, a nossa comunidade conseguiu um emprego para o casal, assim como um apartamento e roupas suficientes para suas reais necessidades, e móveis e suprimentos domésticos para recomeçarem a vida aqui. Nossos presentes para essa nova família em nosso meio não se baseavam em algo que ela tivesse feito para ganhar. Eram simplesmente dádivas de misericórdia e bondade.

Espiritualmente falando, todos nós somos como refugiados. Não temos nada para oferecer a Deus, e, ainda assim, ele nos ama e quer nos fornecer o que realmente necessitamos. Ele perdoa nossos pecados e nos dá nova vida por meio do Espírito Santo. Tudo por causa da sua grande misericórdia.

Pai,
Nós somos gratas por sua misericórdia, pois sabemos que não fizemos nada para merecer isso. Amém.

18 de fevereiro

Deus revela seus pensamentos

*Aquele que forma os montes, cria o vento e revela
os seus pensamentos ao homem, aquele que transforma
a alvorada em trevas, e pisa sobre as montanhas da terra;
SENHOR, Deus dos Exércitos, é o seu nome.*

Amós 4.13

Como você formaria uma montanha? Suponho que criando, formando e esculpindo, só para começar. Localizado na Ásia, com cerca de 8.850 metros de altura, o monte Everest é uma das mais famosas montanhas que Deus formou. Por meio de documentação matemática, foi provado que o Everest é o cume mais alto no mundo. Mas isso não era conhecido até 1852, embora Deus já soubesse disso o tempo todo.

Outra coisa que ele conhecia o tempo todo e que tem vindo à tona, sendo conhecido por nós desde a Criação, são os seus pensamentos. Quando buscamos um relacionamento com Deus mediante a fé em Cristo, o Espírito de Deus vem para viver em nosso coração e compartilha seus pensamentos conosco (1Co 2.11-12). O Deus que formou o monte Everest está disposto a partilhar os seus pensamentos conosco!

Senhor dos exércitos celestiais,
Que possamos nos aquietar antes de ouvir seus pensamentos.
Amém.

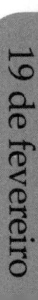

19 de fevereiro

Nunca separados

*Pois estou convencido de que nem morte nem vida, nem anjos
nem demônios, nem o presente nem o futuro, nem quaisquer
poderes, nem altura nem profundidade, nem qualquer outra
coisa na criação será capaz de nos separar do amor de Deus
que está em Cristo Jesus, nosso Senhor.*

Romanos 8.38-39

A maioria de nós já sentiu a dor de se separar de
alguém que nos era muito próximo. Talvez uma amiga tenha se mudado para longe ou parado de ligar.
Talvez um membro da família tenha deixado sua
comunidade para trabalhar no outro lado do mundo.
E, ainda, uma de nós pode ter sido rejeitada ou aban-
donada pelos pais ou por um cônjuge.

Ainda que tentemos ignorar, minimizar, remediar
ou lamentar isso, a separação dói. E ela é uma parte da
vida de cada uma de nós. E já que todas nós sentimos
a sua dor uma vez ou outra, é consolador ler que não
há nada, absolutamente NADA, que possa nos separar
do amor de Cristo.

Pai,
Agradecemos-lhe porque, por causa do amor e do sacrifício de seu
Filho, Jesus, podemos ter a certeza de que nunca seremos separa-
das do Senhor e do seu amor. Amém.

O poder pertence a Deus

Uma vez Deus falou, duas vezes eu ouvi, que o poder pertence a Deus. Contigo também, SENHOR, está a fidelidade. É certo que retribuirás a cada um conforme o seu procedimento.
Salmo 62.11-12

Às vezes, nós nos sentimos fracas e intimidadas. Observamos as habilidades, a competência ou a influência de outra pessoa, e isso nos faz pausar. Em momentos assim, não é difícil que nossa perspectiva fique alterada e distorcida, pensando que o poder é encontrado em riqueza, educação ou talento. Claramente, não é. Nas palavras da Bíblia: "Deus tem falado claramente... o poder, ó Deus, pertence a ti." Deus não precisa de nossa força. Ele quer que aprendamos a esperar e a confiar nele, quer ver o nosso coração derramado diante dele, para, assim, aceitarmos o seu amor.

Quando descansamos na segurança do amor de Deus por nós, somos levadas a servi-lo com o coração agradecido pelo poder que somente ele oferece: o poder que pertence a Deus.

Pai,
Somos totalmente dependentes de sua força. Amém.

O tesouro escondido

*"O Reino dos céus é como um tesouro escondido num campo.
Certo homem, tendo-o encontrado, escondeu-o de novo e,
então, cheio de alegria, foi, vendeu tudo o que tinha
e comprou aquele campo".*
Mateus 13.44

A manchete dizia: "Casal do Texas encontra diamante de 6,35 quilates no Parque Estadual de Cratera dos Diamantes." Localizado em Murfreesboro, Arkansas, o parque contém a única mina de diamantes do mundo que é aberta ao público. Cada ano, mais de seiscentos diamantes são encontrados pelos visitantes. A cratera em si é um campo de 14 hectares que é arado para trazer as pedras preciosas à superfície.

Quando Jesus contou a história do tesouro escondido no campo, ele enfatizou tanto o extremo valor do tesouro quanto a alegria daqueles que o encontram. Quando descobrimos as riquezas incríveis de Cristo e a herança que ele nos oferece, estamos dispostos a fazer sacrifícios por compreender melhor o nosso verdadeiro tesouro.

Senhor,
Dê-me visão para ver tudo o que me é oferecido como um dom gratuito. Ajude-me a encontrar grande alegria no tesouro que é o Senhor. Amém.

Joias da coroa de Deus

*Naquele dia o SENHOR, o seu Deus, os salvará como rebanho
do seu povo, e como joias de uma coroa brilharão em sua terra.
Ah! Como serão belos! Como serão formosos!*
Zacarias 9.16-17

Mantidas sob segurança máxima, as joias da Coroa da
Inglaterra são exibidas na Torre de Londres. A Coroa
Imperial, feita de ouro, em 1937, para o rei George VI,
inclui 2.868 diamantes, 273 pérolas, 17 safiras, 11 esme-
raldas e 5 rubis. Enquanto esse tesouro é praticamente
impossível para a maioria de nós entender e medir seu
valor, ele nos dá pelo menos um indício a respeito de
quanto Deus nos valoriza.

Zacarias disse que o povo do Senhor "brilhará em
sua terra como joias em uma coroa". Qual é a fonte
de nossa beleza? Como os diamantes, não temos fonte de luz inerente. Mas a nossa beleza pode ser vista
quando refletirmos a magnífica glória de Deus!

Pai,
Ajude-me a viver com o propósito de refletir a luz espetacular de
sua glória. Que os que vivem ao meu redor reconheçam um pouco de quem o Senhor é. Amém.

Água como vidro

"Deixo a paz a vocês; a minha paz dou a vocês.
Não a dou como o mundo a dá. Não se perturbe o
seu coração, nem tenham medo".
João 14.27

Naquele momento, a água ainda estava como se fosse vidro. Enquanto o céu começava a clarear, a água tranquila, no chão, refletia as nuvens dispersas e os altos edifícios. O amanhecer nessa parte da Flórida começa com um silêncio quase surreal e pacífico. Era um contraste com o dia anterior, quando muitos barcos se agitavam na água a todo momento.

Nosso coração não é diferente dessa água. Às vezes, agitados pelas circunstâncias, enfrentamos nossos medos que até então desconhecíamos. Jesus nos prometeu um presente — paz de mente e de coração. Aceitar e receber a paz, às vezes, exige descanso, um tempo de oração ou um sábio conselho de uma amiga. A paz sempre vem de Jesus, e ele mesmo é a nossa paz.

Senhor Jesus,
Obrigada por me oferecer a bênção da paz. Que eu possa estar pronta e disposta a entregar todas as minhas preocupações ao Senhor. Amém.

24 de fevereiro

Deus nos formou

"Antes de formá-lo no ventre eu o escolhi; antes de você nascer,
eu o separei e o designei profeta às nações".
Jeremias 1.5

Nos dias em que nos sentimos inadequadas, é útil recorrermos às palavras que Deus falou por meio do profeta Jeremias. Deus nos formou. Ele nos criou, nos trouxe à existência e nos colocou junto de outras pessoas que nos amam. Antes de haver nos formado, ele já nos conhecia. Nosso marido, pais ou amigos nem sempre podem nos entender, mas Deus pode.

Deus nos separou. Ele quer que o amemos, que lhe obedeçamos e o sirvamos. Ele determinou coisas para cada uma de nós fazer em favor do seu Reino. Se ainda não descobrimos o que devemos fazer, podemos pedir a ele! O Senhor fica feliz quando queremos fazer a vontade dele. Deus nos conhece e tem bons planos para nós.

Pai,
Obrigada por sua Palavra que nos encoraja quando estamos desanimadas. Amém.

Dons de Deus

Recordo-me da sua fé não fingida, que primeiro habitou em sua avó Loide e em sua mãe, Eunice, e estou convencido de que também habita em você. Por essa razão, torno a lembrá-lo de que mantenha viva a chama do dom de Deus que está em você mediante a imposição das minhas mãos. Pois Deus não nos deu espírito de covardia, mas de poder, de amor e de equilíbrio.
2Timóteo 1.5-7

Uma pessoa que luta contra a sua própria agressividade pode ter dificuldade em compreender uma pessoa que luta contra a timidez. Mas aqueles que tendem a ser apreensivos, introspectivos ou facilmente intimidados entenderiam completamente. Timóteo lutou contra a timidez. É interessante saber que a mensagem de Paulo a Timóteo não era: "Vamos lá, Timóteo, você pode fazer isso. Precisa apenas acreditar em si mesmo!" Paulo lhe pediu que se concentrasse no que o Espírito de Deus poderia fazer nele e por meio dele.

Como Timóteo iria encontrar ajuda com poder, amor e autodisciplina? Por intermédio da fé. Por meio da fé de Timóteo em Cristo, o Espírito de Deus providenciaria isso em sua vida. Deus é o doador dos dons, e, pelo poder do Espírito Santo, ele nos prepara para usá-los.

Pai,
Que possamos reconhecer, valorizar e usar os dons que o Senhor nos tem dado. Amém.

Fidelidade antiga

*Graças ao grande amor do SENHOR é que não somos
consumidos, pois as suas misericórdias são inesgotáveis.
Renovam-se cada manhã; grande é a sua fidelidade!*
Lamentações 3.22-23

Talvez a mais famosa atração no Parque Nacional Yellowstone seja um gêiser que irrompe a cada 91 minutos, espalhando 32 mil litros de água fervente a uma altura de 55 metros. Ele é chamado de "Velho Fiel".

Os israelitas precisavam de uma visão de algo fiel enquanto estavam exilados na Babilônia. Tendo sido levados para lá por causa de seus pecados e forçados a se estabelecer em um lugar longe de casa, eles sentiram que tudo estava perdido. Um profundo pesar pairava sobre eles, enquanto contemplavam a violenta destruição de suas casas e de seu glorioso templo. Foi nesse cenário que Jeremias escreveu as palavras de conforto acima, encontradas no livro das Lamentações. Em meio ao sofrimento e à perda, ele lhes assegurou que o amor fiel e a misericórdia do Senhor jamais terminam!

Pai,
Ajude-nos a lembrar de que em todas as coisas, em todos os momentos, o Senhor é fiel. Em nome de Jesus, amém.

27 de fevereiro

Primeiro e último

"Eu, Jesus, enviei o meu anjo para dar a vocês este testemunho concernente às igrejas. Eu sou a Raiz e o Descendente de Davi, e a resplandecente Estrela da Manhã".
Apocalipse 22.16

Muitas pessoas que leem as genealogias da Bíblia reagem com tédio. Às vezes, até pulam essa leitura e passam para outra passagem. Do Gênesis ao Apocalipse, a Bíblia inclui muitas genealogias para as quais precisamos ficar atentas e com as quais devemos tomar cuidado. Há algumas coisas interessantes para se descobrir nelas.

Em Apocalipse 22 — o último capítulo da Bíblia —, Jesus dá a João, talvez, o mais curto resumo genealógico de uma linhagem real de todos os tempos. Ele diz que é a raiz e o herdeiro de Davi! Como é possível ser resumida e omitida, tanto no início quanto no fim, uma linhagem real? Isso só é possível se essa pessoa, esse herdeiro, for eternamente Deus e realmente humano. Portanto, Jesus, de modo legítimo, reivindica ser a raiz, o antepassado e o herdeiro do trono do rei Davi.

Senhor Jesus,
O Senhor é o Primeiro e o Último, o Alfa e Ômega. Que eu possa viver em admiração e obediência aos seus cuidados eternos. Amém.

Março

Deus ama a humildade

Pois assim diz o Alto e Sublime, que vive para sempre, e cujo nome é santo: "Habito num lugar alto e santo, mas habito também com o contrito e humilde de espírito, para dar novo ânimo ao espírito do humilde e novo alento ao coração do contrito".

Isaías 57.15

Você já reparou que muitas pessoas que são poderosas e proeminentes tendem a passar mais tempo com pessoas iguais a elas? Deus não é assim. Ele se aproxima para relacionamentos de uma maneira muito diferente. Deus, o Criador e Rei de toda a terra, declara que vive com aqueles cujos espíritos são contritos e humildes. Deus, que vive em um alto e sublime lugar, vem até nós, porque não há nada que poderíamos fazer para nos elevarmos até ele.

Quando nos humilhamos diante dele e vivemos em arrependimento, o Senhor nos eleva, nos restaura e nos dá uma nova coragem. Agora, há uma maneira melhor para levantar um espírito caído!

Bondoso Pai,
Somos gratas porque o Senhor, um Deus santo, está disposto a habitar no nosso coração quebrantado e humilde. Obrigado por nos restaurar. Amém.

1º de março

O que estamos engolindo?

Guias cegos! Vocês coam um mosquito
e engolem um camelo.
Mateus 23.24

Um jornal local de minha cidade noticiou recentemente que uma cobra píton birmanesa de aproximadamente 4 metros engoliu um colchão inteiro, tamanho *queen*!

Isso foi uma engolida e tanto! O dono da cobra estava grato porque, depois de uma cirurgia de duas horas, toda essa parafernália foi retirada com sucesso do réptil de cerca de 30 quilos.

Durante os dias do Novo Testamento, os fariseus, às vezes, coavam a água antes de beber a fim de evitar engolir insetos imundos. Mas Jesus apontou para alguns deles dizendo que, apesar disso, estariam engolindo um camelo. O que poderia ser semelhante a "engolir um camelo" hoje em dia? Talvez seja dar o dízimo de 15% de nossa renda, mas sonegar impostos. Talvez seja proteger uma pessoa fisicamente, mas matá-la emocionalmente. É sábio pensarmos sobre o que estamos coando e o que estamos engolindo.

Pai,
Por favor, dê-nos sabedoria para vermos as coisas sob a sua perspectiva. Amém.

Voltar para Deus

Rasguem o coração, e não as vestes. Voltem-se para
o SENHOR, para o seu Deus, pois ele é misericordioso
e compassivo, muito paciente e cheio de amor;
arrepende-se, e não envia a desgraça.
Joel 2.13

Há uma loja de chá em Harrogate, Inglaterra, na qual eu gostaria de voltar a visitar um dia, porque lá existem deliciosos chás e pães artesanais inesquecíveis. Você já passou tempo longe de alguém ou de um lugar do qual você gostava de maneira especial e achou que seria agradável poder voltar lá?

Às vezes, percebemos que, por alguma razão, nós estivemos longe de Deus e queremos retornar para ele. Deus, que é tão gracioso, nos aceita de volta depois que deixamos o seu caminho e nos afastamos de sua vontade em busca de outras coisas e interesses. Quando nos voltamos para Deus, voltamo-nos para a sua misericórdia, sua compaixão e seu infalível amor. Em nenhum outro lugar encontraremos tamanha esperança.

Bondoso Pai,
Obrigada, porque, mesmo quando nos afastamos para distante do Senhor, o Senhor está sempre pronto para nos aceitar de volta.
Amém

3 de março

Lidar com o ódio

Quem esconde o ódio tem lábios mentirosos,
e quem espalha calúnia é tolo.
Provérbios 10.18

O amor deve ser sincero. Odeiem o que é mau;
apeguem-se ao que é bom.
Romanos 12.9

Às vezes, eu ando ao lado de amigos que lutam contra o ódio de alguma maneira. Sentir ódio em relação a alguém que nos faz mal não é de surpreender. Os Salmos nos dizem que até mesmo Deus se aborrece com o mal. Deixar o ódio assumir o controle, porém, não é saudável.

As pessoas que são honestas sobre o ódio conversam a respeito desse sentimento com amigos ou conselheiros sábios, pedem ajuda a Deus e falam a verdade em amor para os que as rodeiam, fazendo grandes avanços. Aquelas que não são honestas sobre esse sentimento e tentam ocultá-lo ou suprimi-lo, frequentemente têm problemas maiores mais tarde.

Deus nos oferece ferramentas úteis para lidar com o ódio, mas será que as estamos usando como deveríamos?

Pai,
Somos gratas porque o Senhor compreende os nossos sentimentos. Por favor, ajude-nos nos a lidar com eles de uma forma construtiva. Amém.

Uma visita prometida

Louvado seja o Senhor, o Deus de Israel, porque
visitou e redimiu o seu povo. Ele promoveu poderosa salvação
para nós, na linhagem do seu servo Davi, (como falara pelos
seus santos profetas, na antiguidade).
Lucas 1.68-70

Anos atrás, quando o meu filho, Jordan, teve que passar por uma cirurgia para reparar um fêmur quebrado, cerca de cinquenta pessoas vieram visitá-lo ao longo da semana. Como resultado dessas visitas, a nossa família se sentiu querida e amada. A mensagem transmitida pelas visitas foi a de que as pessoas se preocupavam conosco.

Quando Deus enviou Jesus para nascer neste mundo, mais de dois mil anos atrás, essa foi a mensagem que ele nos transmitiu. Deus enviou Jesus para realizar muito mais do que uma visita amigável. A visita de Cristo pagou os nossos pecados, e a sua permanência na terra incluiu a morte na cruz. A mensagem que ele nos deu foi, e ainda é: "Eu me importo com você o suficiente para morrer em seu lugar."

Pai,
A visita de Jesus à terra para morrer por nossos pecados tornou possível a habitação do Senhor em nosso coração. Somos eternamente gratas por isso. Amém.

5 de março

Nosso esconderijo

*Tu és o meu abrigo; tu me preservarás das angústias
e me cercarás de canções de livramento.*
Salmo 32.7

No que a palavra *esconder* o faz pensar? Na brincadeira de esconde-esconde, quando você era criança? Em encobrir algumas de suas inseguranças como adulto? É curioso que Deus é descrito na Bíblia como o nosso esconderijo. Aquele que nos criou e sabe tudo a nosso respeito, aquele que é pleno de perfeita justiça e sabe exatamente o que cada um de nós realmente merece, quer nos esconder nele.

Deus, o único no mundo que é perfeito, não é contra nós. Ele é por nós. Na verdade, ele é por nós de tal forma que ninguém jamais foi, nem será. Por isso, naqueles momentos em que você sentir desejo de se esconder, corra para Deus. Ele envolve aqueles que confiam nele com um amor infalível. O nosso Deus é o mais seguro esconderijo do mundo.

Pai,
Que alegria é saber que não precisamos nos esconder do Senhor,
aquele que sabe tudo sobre nós. Amém.

6 de março

Anseio por justiça

A tua justiça é firme como as altas montanhas; as tuas
decisões insondáveis como o grande mar. Tu, SENHOR,
preservas tanto os homens quanto os animais.
Salmo 36.6

Quem já teve a oportunidade de mergulhar sabe que, no instante em que abre os olhos sob a superfície do oceano, a pessoa se sente como se estivesse em um mundo novo e diferente.

Algumas partes do mundo se estendem para lugares muito mais profundos do que poderíamos pensar. O Hjort Trench, na Austrália, possui cerca de seis mil metros de profundidade. Isso é profundo o suficiente para caber mais do que as duas montanhas mais altas da Austrália empilhadas uma sobre a outra!

Quando a Bíblia nos diz que a justiça de Deus é semelhante às profundezas do oceano, podemos, então, perceber a figura de imagem que isso representa. Isso é insondável ou imensurável. Da próxima vez que você sentir anseio por justiça, quer para você mesma, quer para outra pessoa, apele para o Único cuja justiça é como as profundezas do oceano.

Deus,
Quando tivermos tempo para entender ou experimentar a justiça em uma situação particular, que possamos correr para seus braços, pois o Senhor é sempre pleno de justiça. Amém.

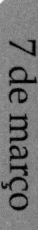

7 de março

O amor começa com Deus

*Ninguém jamais viu a Deus; se nos amarmos
uns aos outros, Deus permanece em nós,
e o seu amor está aperfeiçoado em nós.*
1João 4.12

Quando um cristão mostra o seu amor para um outro cristão, Deus é revelado a um mundo que está assistindo a isso. Seja oferecendo a sua casa a um hóspede que precisa de um lugar para ficar, seja visitando um amigo no hospital, um cristão que mostra o amor para com outro cristão é uma das maneiras em que se revela o amor de Deus em ação.

Isso não é muito difícil quando as coisas estão indo bem, mas, e naqueles momentos em que amar essa outra pessoa se torna um grande desafio, se não uma verdadeira impossibilidade? É bom lembrar que o amor que devemos compartilhar com outros não começou conosco. Uma vez que Deus é tanto a origem quanto a fonte do amor, podemos recorrer a ele quando o nosso amor parece ter se extinguido. Sempre podemos extrair mais de Deus.

Deus,
Por favor, ajude-nos a tratar nossos irmãos e irmãs em Cristo com amor. Ainda que o Senhor seja invisível, é assim que será visto em nós! Amém.

A poderosa voz de Deus

"Diante disso o meu coração bate aceleradamente e salta do seu lugar. Ouça! Escute o estrondo da sua voz, o trovejar da sua boca. Ele solta os seus relâmpagos por baixo de toda a extensão do céu e os manda para os confins da terra. (...) A voz de Deus troveja maravilhosamente; ele faz coisas grandiosas, acima do nosso entendimento".
Jó 37.1-3, 5

O voo do meu marido estava subindo em direção a um céu turbulento, quando ele partiu para Seattle, Washington. Os ventos balançavam o avião e, de repente, houve uma enorme explosão e um flash de luz. O primeiro pensamento de Jim foi que o motor havia explodido e que ele chegaria atrasado para a reunião. Seu segundo pensamento foi que ele poderia nunca mais fazer a viagem! Mas, felizmente, o avião tinha sido apenas atingido por um raio, e tudo estava bem.

Às vezes, passamos por nossos dias alheios ao que Deus pode estar tentando nos dizer. Ocasionalmente, a voz de Deus troveja em nossa vida, falando de uma forma tão dramática que o nosso coração parece pular dentro do peito. Mas, em tempos como esses, é bom ouvirmos com atenção o que ele está dizendo.

Senhor,
Que possamos ouvi-lo atentamente e responder à sua poderosa voz. Amém.

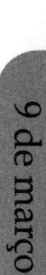

9 de março

Luzes brilhantes

Para que venham a tornar-se puros e irrepreensíveis, filhos de Deus inculpáveis no meio de uma geração corrompida e depravada, na qual vocês brilham como estrelas no universo.
Filipenses 2.15

Em março de 2000, uma das mais grandiosas exibições de aurora boreal foi observada na Finlândia. Pessoas empolgadas despertaram seus vizinhos no meio da noite. "Não percam tempo", disseram elas. "Venham para fora e olhem este céu deslumbrante. Você não vai acreditar no que os seus olhos estarão vendo!" Esse acender brilhante e espetacular de luzes coloridas aparece no céu do norte. Os cientistas dizem que o fenômeno raro dessa chama de luz ocorre quando o material que é jogado fora da superfície do sol colide com a atmosfera da Terra.

"A luz que brilha como estrelas" é o que o apóstolo Paulo usou para descrever o que uma vida limpa e inocente parece em um mundo cheio de escuridão. Quando vivemos da maneira que Deus espera, nós nos destacamos no mundo como as luzes das estrelas que iluminam a noite ou como a aurora boreal.

Pai,
Que possamos refletir sua luz e sua beleza, como as estrelas e as luzes do céu. Amém.

10 de março

Um amoroso alerta

Filhinhos, guardem-se dos ídolos.
1João 5.21

Você já pediu ao seu filho que não tocasse em alguma coisa? Quando as crianças ainda são pequenas, nós as ensinamos a não tocar nas tomadas elétricas. À medida que ficam mais velhas e podem participar de um acampamento com os amigos da escola ou de um retiro com o pessoal da igreja, pedimos advertidamente que fiquem longe de lugares perigosos. Em seus anos de adolescência, instruímos nossos filhos para que se mantenham distantes das drogas. Por que nós os advertimos? Porque os amamos e queremos o melhor para eles! Queremos que se mantenham afastados das coisas que podem prejudicá-los.

É bom lembrar que Deus faz o mesmo conosco. Porque ele nos ama e deseja ter um relacionamento conosco, quer nos manter longe de qualquer coisa que possa ameaçar nosso relacionamento com ele ou que possa trazer prejuízos para nossa vida. Suas advertências fluem de seu coração amoroso.

Pai,
Obrigada por seu amor protetor e cuidado consistente. Que possamos ter cuidado para não colocar em risco o relacionamento de amizade e comunhão que temos com o Senhor. Amém.

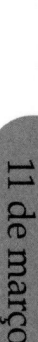

11 de março

Chuvas de primavera

Ó povo de Sião, alegre-se e regozije-se no SENHOR,
o seu Deus, pois ele lhe dá as chuvas de outono,
conforme a sua justiça. Ele envia a vocês muitas chuvas,
as de outono e as de primavera, como antes fazia.
Joel 2.23

É quase primavera na minha cidade! Ontem fez um dia lindo, com sol o tempo todo. Hoje, há previsão de chuva, que deve durar um bom tempo, uma suave chuva de primavera. Ela vai lavar a sujeira e os detritos deixados na rua pelo inverno, fazendo com que tudo fique mais limpo e agradável. O inverno é longo nesta parte do mundo, por isso, quando os dias mais leves chegam, eles vêm carregados de esperança e nos prometendo que melhores dias estão por vir.

Lembro a mim mesma que os invernos frios, cheios de chuva e neve, precedem as abundantes árvores e folhagens que surgirão nas próximas semanas. Deus nos deu as estações para lembrar-nos de sua eterna fidelidade. As chuvas de primavera são refrescantes!

Pai,
A mudança das estações me lembra sua grande fidelidade. Como sou feliz por saber que o Senhor nunca muda. Amém.

12 de março

O jumentinho humilde

*Alegre-se muito, cidade de Sião! Exulte, Jerusalém! Eis que
o seu rei vem a você, justo e vitorioso, humilde e montado
num jumento, um jumentinho, cria de jumenta.*
Zacarias 9.9

Independentemente do que se poderia pensar do jumento, esse animal teve uma rica história na Bíblia. As famílias mais pobres geralmente eram proprietárias de um, mas reis também poderiam utilizá-los em uma cerimônia real. Enquanto cavalos eram associados com exércitos e conquistas, jumentos eram associados com a paz.

Zacarias olhou para o futuro e previu a chegada do Messias montado em um jumento. Jesus cumpriu a profecia, quando entrou em Jerusalém montado em um jumento e esse foi o ápice desse animal na Bíblia. O jumento apontava para a simplicidade de Jesus e para a humildade que Cristo teve para realizar a vontade de seu Pai. Naquele momento, ele não era o rei conquistador que os judeus aguardavam, mas Jesus, o humilde e obediente servo Rei.

Senhor,
Ajude-nos a, como Jesus, sermos disponíveis para servir em vez de
apenas dispostas a comandar. Amém.

13 de março

Ramos de palmeira

*No dia seguinte, a grande multidão que tinha vindo
para a festa ouviu falar que Jesus estava chegando
a Jerusalém. Pegaram ramos de palmeiras e saíram ao
seu encontro, gritando: "Hosana!""Bendito é o que vem
em nome do Senhor!""Bendito é o Rei de Israel!"*
João 12.12-13

As palmeiras apareceram cedo na Bíblia, esculpidas em várias paredes do Templo. Elas também foram encontradas em cerâmicas, moedas e esculturas de períodos iniciais da história do Oriente Médio.

O ramo de palmeira simbolizava regozijo, triunfo e vitória. Não é nenhuma surpresa, então, que as pessoas de Israel tenham selecionado ramos de palmeira para espalhar por toda a estrada, para a entrada triunfal de Jesus em Jerusalém. O triunfo final de Jesus, no entanto, é visto melhor no livro de Apocalipse, em que uma vasta multidão, grande demais para ser contada, está diante do trono do Senhor com ramos de palmeira nas mãos, adorando o Rei dos reis.

Senhor,
Estou ansiosa para o dia em que, também, irei segurar um ramo de palmeira, gritando: "A salvação vem do nosso Deus que se assenta no trono e do Cordeiro!" Amém.

Traição

Então Jesus respondeu: "Você dará a vida por mim? Asseguro que,
antes que o galo cante, você me negará três vezes!"
João 13.38

Quão corajosamente Pedro pronunciou suas intenções de seguir Jesus! "Estou pronto para morrer por você!" Imagine como o atordoado Pedro deve ter se sentido quando Jesus lhe disse a verdade. Ele, provavelmente, acreditava que iria ficar com Jesus até o fim.

Sua negação é um aviso para todos nós que cremos que o nosso compromisso com Cristo é forte e inquebrável. Quando a nossa atitude reflete tal arrogância, tornamo-nos vulneráveis às nossas fraquezas em meio a toda a nossa bravata irresponsável.

Agimos como os discípulos, quando, às vezes, nos distanciamos de Cristo e quando as coisas se tornam difíceis. Mas existe esperança. A morte e a ressurreição de Jesus foram o remédio perfeito para a fraqueza e as negações de Pedro, e é, certamente, o mesmo remédio para nós também.

Senhor,
Obrigada, porque o Senhor sabe de todas as coisas. Conhece cada uma de nossas fraquezas e cada fracasso que colhemos. Obrigada por não nos abandonar e por permanecer conosco para sempre. Amém.

O plano de Deus

*Simão Pedro, que trazia uma espada, tirou-a e feriu
o servo do sumo sacerdote, decepando-lhe a orelha direita.
(O nome daquele servo era Malco.) Jesus, porém, ordenou
a Pedro: "Guarde a espada! Acaso não haverei de
beber o cálice que o Pai me deu?"*
João 18.10-11

Imediatamente depois de Jesus ter sido traído e preso, um dos seus discípulos tentou defendê-lo. Pedro pegou sua espada e cortou a orelha direita do servo do sumo sacerdote. Em resposta a essa ação impulsiva de Pedro, Jesus disse-lhe que largasse a espada, e curou a orelha de Malco (Lucas 22.51).

Jesus sabia que, para que o plano da salvação de Deus fosse realizado, ele deveria se submeter até a morte de cruz. Cristo escolheu o cálice do sofrimento em vez da espada, submetendo-se à vontade de Deus em vez de resistir a ela.

Nos momentos em que nos deparamos com a possibilidade do sofrimento como resultado de seguir Cristo, devemos confiar em Deus como Jesus fez. Estamos dispostas a nos submeter ao plano de Deus?

Pai,
Assim como Jesus, que possamos ter um coração que confie em seu plano perfeito. Amém.

16 de março

Autoridade amorosa

Então, Jesus aproximou-se deles e disse: "Foi-me dada toda a autoridade no céu e na terra. Portanto, vão e façam discípulos de todas as nações, batizando-os em nome do Pai e do Filho e do Espírito Santo, ensinando-os a obedecer a tudo o que eu ordenei a vocês. E eu estarei sempre com vocês, até o fim dos tempos".
Mateus 28.18-20

"Este é Jesus, Rei dos Judeus." A placa acima da cruz de Jesus não era uma declaração. Era um escárnio. Os homens zombando em torno dele, retirando a roupa de Cristo e vestindo-o com um manto escarlate, colocando uma coroa de espinhos na cabeça dele, ridicularizando-o, cuspindo-o e, então, depois de tudo isso, crucificando-o.

Se eu tivesse sido ridicularizada da forma como Jesus foi, certamente eu iria querer me vingar de toda a multidão depois que eu tivesse ressurgido e voltado à vida. Mas, depois da ressurreição de Jesus, quando toda a autoridade lhe foi dada, o que ele queria que seus discípulos fizessem? Não a vingança, mas que eles compartilhassem a Boa-nova de perdão com o mundo inteiro. Que amoroso Salvador!

Gracioso Salvador,
Estamos impressionadas com os seus caminhos amorosos e generosos. Por favor, ajude-nos a seguir o seu exemplo. Amém.

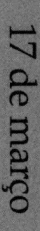

17 de março

Escuridão

E houve trevas sobre toda a terra, do meio-dia às três horas da tarde. Por volta das três horas da tarde, Jesus bradou em alta voz: "Eloí, Eloí, lamá sabactâni?", que significa: "Meu Deus! Meu Deus! Por que me abandonaste?"
Mateus 27.45-46

Minha igreja realiza um culto solene nas noites da Sexta-feira Santa, conhecido por apresentar aos participantes o sentimento de trevas e solidão pelo qual Jesus passou. Ele ajuda a congregação a entrar no clima da traição, do sofrimento e do abandono de Cristo antes e durante a crucificação. Durante o culto, as luzes são apagadas gradualmente até a escuridão ser quase completa, salvo, talvez, uma pequena iluminação para as saídas. Esse momento no escuro nos ajuda a experimentar a sensação de melancolia de quando o mal parece triunfar sobre o bem.

O culto termina, e deixamos o templo em completo silêncio na tentativa de experimentarmos um pouco da sensação de sofrimento ocorrido na morte de Jesus. É um culto diferente. Nenhuma bênção ao final, nenhuma música, nenhuma luz. Só o silêncio.

Querido Jesus,
Foi o nosso pecado que o colocou na cruz, juntamente com o nosso egocentrismo e nossa rebelião contra Deus. Não temos maior amigo do que o Senhor. Amém.

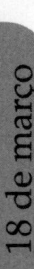

18 de março

Já está resolvido

No primeiro dia da semana, bem cedo, ao nascer do sol,
elas se dirigiram ao sepulcro, perguntando umas às outras:
"Quem removerá para nós a pedra da entrada do sepulcro?"
Mas, quando foram verificar, viram que a pedra, que era
muito grande, havia sido removida.
Marcos 16.2-4

Antes de Maria Madalena, Salomé e Maria saberem que havia algo como a manhã da Ressurreição, elas pensavam que seu problema imediato era como rolar a pedra da frente do túmulo de Jesus. O que elas descobriram, porém, foi que o "problema Jesus" que havia acabado de ser resolvido era muito maior do que o problema que elas pensavam que tinham de enfrentar. Jesus havia lidado com o problema do pecado e da morte.

Ao tomar nossos pecados sobre si e enfrentar a morte, Jesus tornou possível para nós o perdão de Deus, o Pai. Como aquelas mulheres no sepulcro, nós também vemos nossos problemas de forma diferente quando percebemos o que Jesus já realizou em nosso lugar por amor.

Pai,
Porque o Senhor resolveu o nosso maior problema — o pecado e a morte eterna —, podemos confiar no Senhor para os pequenos problemas que enfrentamos. Amém.

O dia da Ressurreição

Amedrontadas, as mulheres baixaram o rosto para o chão, e os homens lhes disseram: "Por que vocês estão procurando entre os mortos aquele que vive? Ele não está aqui! Ressuscitou!"
Lucas 24.5-6

O brilho do sol nascente no horizonte... o ar fresco da manhã... esse era o pano de fundo para as mulheres que foram ao túmulo de Jesus, poucos dias depois de sua crucificação. Foi nesse cenário que elas descobriram que as coisas haviam sido mudadas para sempre.

A escuridão havia mudado para luz. A morte havia se convertido em vida. As mulheres ficaram chocadas e aterrorizadas com a aparição do anjo e com as boas notícias que ele lhes deu: "Ele ressuscitou dos mortos!" Ele ressuscitou verdadeiramente!

Nenhum ser humano jamais enfrentou uma crise mais profunda do que a morte. A realidade da ressurreição de Cristo traz nova esperança para todos nós. Em sua vida nós vivemos, e somos erguidas da nossa apatia.

Aleluia! Louve a Deus!
O Senhor chegou até nós e venceu o maior dos medos e o maior dos inimigos. Morte e culpa foram tragadas pela maior de todas as vitórias! Porque o Senhor vive, nós também vivemos! Aleluia! Amém.

20 de março

Eu disse a vocês

O anjo disse às mulheres: "Não tenham medo! Sei que vocês estão procurando Jesus, que foi crucificado. Ele não está aqui; ressuscitou, como tinha dito. Venham ver o lugar onde ele jazia".
Mateus 28.5-6

Foi um dia triste quando minha vizinha ligou para dizer que o animal de estimação da nossa família havia sido atropelado e morto por um carro. "Lembram que eu disse a vocês", disse minha vizinha para seus filhos, "que, se vocês não olharem para os dois lados antes de atravessar a rua, podem ser atropelados por um carro?" Ela havia alertado os seus filhos antes, e agora eles acreditavam nela!

Depois da morte de Jesus, quando Maria e Maria Madalena foram visitar o túmulo e o acharam vazio, o anjo disse: "Ele não está aqui. Ele ressuscitou. Exatamente como ele mesmo disse." Jesus havia dito muitas vezes que isso iria acontecer, e agora elas criam nele! Da mesma forma que Jesus ressuscitou dos mortos, assim como ele disse que faria, nós também podemos acreditar que ele vai realizar em nossa vida tudo o que prometeu.

Pai,
Obrigada pela confiança que temos em suas palavras e em suas promessas. Amém.

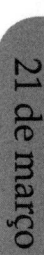

21 de março

Caminhando com Jesus

*Naquele mesmo dia, dois deles estavam indo para um
povoado chamado Emaús, a onze quilômetros de Jerusalém.
No caminho, conversavam a respeito de tudo o que havia
acontecido. Enquanto conversavam e discutiam, o próprio
Jesus se aproximou e começou a caminhar com eles; mas os
olhos deles foram impedidos de reconhecê-lo. Ele lhes perguntou:
"Sobre o que vocês estão discutindo enquanto caminham?"
Eles pararam, com os rostos entristecidos.*

Lucas 24.13-17

Jesus se preocupou profundamente com os dois discípulos que iam no caminho para Emaús. Em meio a toda tristeza e desânimo em que eles se encontravam, Jesus veio até eles, embora não o tenham reconhecido.

Ele queria incentivá-los, e fez isso com a Palavra de Deus. Quando passou a falar com eles sobre a fidelidade de Deus aos personagens espalhados por todo o Antigo Testamento, o coração dos discípulos foi aquecido e seus olhos se abriram. Eles estavam andando com Jesus!

Não importa onde estejamos em nossa jornada, Jesus está pronto para nos alimentar com a sua Palavra e com a sua presença. E ele quer caminhar conosco também!

Senhor,
Sou grata porque a minha jornada pela vida não está oculta aos seus olhos. Faça-me crer sempre na realidade da sua presença. Amém.

22 de março

Venham comer!

*Jesus lhes disse: "Venham comer". Nenhum dos
discípulos tinha coragem de lhe perguntar: "Quem és tu?"
Sabiam que era o Senhor.*
João 21.12

O sol se arrastava ao longo do horizonte, fumaça saía do fogo e o agradável aroma de peixe assado na fogueira tomava o olfato. Entre os discípulos havia os sentimentos de decepção e perda, e alguns deles tinham decidido voltar à pesca.

De repente, o Senhor ressuscitado veio ao encontro deles, exatamente onde estavam. Ele não quis envergonhá-los por causa da tristeza, da exaustão ou da ignorância. Em vez disso, aproximou-se deles, proveu-lhes alimento e os saciou.

Seja qual for a nossa experiência, seja qual for a nossa necessidade, Jesus vem ao nosso encontro. Talvez sequer o estejamos procurando, mas ele deseja fazer parte da nossa vida. Jesus se oferece a nós em toda a sua plenitude. Precisamos de olhos de fé e coração crente.

Jesus,
Tantas vezes vivemos como se o Senhor ainda estivesse no túmulo. Ajude-nos a ver que o Senhor deseja ficar conosco e saciar as nossas mais profundas necessidades. Amém.

Refresque-se na Palavra

Salva-me, ó Deus!, pois as águas subiram até o meu pescoço.
Nas profundezas lamacentas eu me afundo, não tenho onde firmar
os pés. Entrei em águas profundas; as correntezas me arrastam.
Salmo 69.1-2

Quando você se sentir emocionalmente abalada ou em busca de uma nova perspectiva, considere ler algum dos Salmos. Eles nos asseguram de que não estamos sozinhas em nossas adversidades, circunstâncias ou emoções. Saber disso refresca a nossa alma sedenta. Os Salmos nos oferecem esperança. E, se você está confusa ou lutando contra sentimentos difíceis, certamente pode ser incentivada enquanto se identifica com a vida e as experiências dos salmistas. É surpreendente ver que essas pessoas normais, com vida igual à nossa, viveram experiências tão maravilhosas com Deus, assim como também podemos viver.

Há algo especial nos Salmos para qualquer tipo de circunstância ou emoção. Não foi sem motivo que João Calvino chamou os Salmos de "uma anatomia de todas as partes da alma."

Pai,
É tão bom saber que outros antes de mim confiantemente derramaram a alma diante do Senhor! Por favor, ajude-me em meus momentos de necessidade. Amém.

Deus está no controle

*"Eu sou o Alfa e o Ômega", diz o Senhor Deus, "o que é,
o que era e o que há de vir, o Todo-poderoso".*
Apocalipse 1.8

Quem é a pessoa mais poderosa e influente que você conhece? O presidente da República? O dono da empresa em que você trabalha? Algum juiz ou político brasileiro? Quem sabe um artista ou um jogador de futebol? Mesmo com tanto poder que alguma dessas pessoas tenha no presente, cada uma delas era impotente no dia em que nasceu e também será no dia em que morrer, assim como todos nós.

Deus é muito diferente. Deus, o Todo-poderoso, com o qual podemos ter um relacionamento por meio da fé em Cristo, tem pleno poder e controle sobre tudo, incluindo o tempo. Ele sempre foi, é e será eternamente. Quaisquer que sejam as limitações que você possa estar enfrentando atualmente em sua vida, saiba que o Deus Todo-poderoso não tem limitações. Ele está sempre no completo controle e se preocupa com a sua vida.

Senhor Deus,
Obrigada por sempre estar no controle. Por favor, ajude-nos a confiar no seu ilimitado poder, mesmo quando o tempo parece ser limitador. Amém.

25 de março

O caminho da justiça

*Ouve, SENHOR, a minha justa queixa; atenta para
o meu clamor. Dá ouvidos à minha oração,
que não vem de lábios falsos.*
Salmo 17.1

De onde vem o clamor por justiça? Geralmente, dos lábios de pessoas que foram tratadas injustamente. Pode ser alguém que tenha sido oprimido quando criança, enganado em uma transação comercial ou traído em um relacionamento, a certeza é que as injustiças têm causado danos e dor em todos nós, de uma maneira ou de outra.

Como Jesus conhece todas as coisas, ele entende as injustiças da vida perfeitamente. Quando estava na cruz por nossos pecados, ele não clamou por justiça. Em vez disso, levou sobre si mesmo o peso de todas as injustiças do mundo. É consolador lembrar que Deus, o único no universo que entende completamente tudo sobre justiça e injustiça, também é o único que ouve nossas orações e que, em última análise, fez todas as coisas da forma correta.

Senhor,
Obrigada por ter vencido tudo o que está errado e injusto no mundo. Ajude-nos a voltar para o Senhor com fé para acharmos força e coragem. Amém.

26 de março

Uma grande festa

"Mas o pai disse aos seus servos: 'Depressa! Tragam a melhor roupa e vistam nele. Coloquem um anel em seu dedo e calçados em seus pés. Tragam o novilho gordo e matem-no. Vamos fazer uma festa e alegrar-nos. Pois este meu filho estava morto e voltou à vida; estava perdido e foi achado'. E começaram a festejar o seu regresso".
Lucas 15.22-24

A história do filho pródigo é uma das parábolas mais conhecidas da Bíblia. Na cultura daqueles dias, a solicitação do filho pela sua parte na herança era um grande insulto ao pai. Ao solicitar o dinheiro ao pai, anunciando que estaria deixando a casa, o filho estava, em essência, considerando como se seu pai estivesse morto. No entanto, o filho volta para casa um dia. Na sua alegria, o pai esbanja carinho para com o filho perdido que havia sido encontrado, dando-lhe uma túnica, sandálias e um anel — todos os símbolos de filiação renovada.

O retorno do filho é importante, mas o foco dessa história é a alegria do pai. Nosso Pai Celestial, cujo amor por nós é profundo e interminável, mostra a sua alegria pelo nosso arrependimento também. Deixe a festa começar!

Pai,
Ajude-nos a lembrar de que o seu amor por nós é profundo e nunca termina. Obrigada pela sua alegria por causa do nosso arrependimento. Amém.

27 de março

Nenhum outro Deus

*Reconheçam isso hoje, e ponham no coração
que o SENHOR é Deus em cima nos céus e embaixo
na terra. Não há nenhum outro.*
Deuteronômio 4.39

Antes de Moisés guiar os filhos de Israel na saída do Egito, Deus usou pragas terríveis para demonstrar a impotência dos deuses do Egito. Mais tarde, ele levou os israelitas ao monte Sinai, onde entregou a Moisés os Dez Mandamentos.

O primeiro mandamento diz: "Você não deve ter qualquer outro deus além de mim." Para nós, nos tempos modernos, adoração a antigos deuses pode parecer intrigante ou um absurdo, mas hoje nossa cultura tem seus próprios ídolos, como dinheiro, sexo e poder. Nós, também, somos tentadas a nos curvarmos a esses deuses. O que Deus deseja, porém, é que o busquemos mais do que qualquer outra coisa. Deus sabe que seremos mais felizes quando estivermos totalmente dedicadas a ele.

Senhor,
Dê-me a paixão para me afastar de tudo o que esfria o meu amor pelo Senhor. Ajude-me a seguir o mandamento de Jesus de amar a Deus com todo o meu coração, minha alma e minha mente. Amém.

28 de março

O inverno passou

Veja! O inverno passou; acabaram-se as chuvas e já se foram.
Aparecem flores sobre a terra, e chegou o tempo de cantar; já se
ouve em nossa terra o arrulhar dos pombos.
Cântico dos Cânticos 2.11-12

Algumas das melhores lembranças de minha família tem a ver com as nossas viagens anuais, na primavera, para a Flórida. Nossa família de cinco pessoas geralmente carregava tanta bagagem no carro que as cadeiras tinham de ser amarradas ao rack de teto. A neve de Chicago desaparecia na viagem, e surgiam as árvores brotando. Finalmente, tudo dava lugar a palmeiras de altura e beleza exuberantes. À medida que nos dirigíamos mais em direção ao sul, nosso espírito era renovado pelo aroma de flores de laranjeira. Não eram apenas as paisagens e os aromas que eram diferentes, mas os sons também: os pássaros estavam cantando!

Era como se a terra tivesse sido renovada e uma sensação de algo novo e mágico tomasse o ar. A chegada da primavera me lembra de que Deus está sempre pronto para renovar o meu espírito com a presença do seu Santo Espírito.

Senhor,
Obrigada pelas lições que vejo no mundo ao meu redor. Nada escapa do seu cuidado, e todas as coisas cantam em seu louvor. Basta eu ter olhos para ver! Amém.

29 de março

A tenda do encontro

Moisés costumava montar uma tenda do lado de fora do acampamento; ele a chamava Tenda do Encontro. Quem quisesse consultar O SENHOR ia à tenda, fora do acampamento. (...) O SENHOR falava com Moisés face a face, como quem fala com seu amigo.
Êxodo 33.7, 11

O trigésimo terceiro capítulo do Êxodo descreve uma tenda especial que Moisés preparou para se encontrar com Deus. Quando se reuniam dentro da tenda, Deus falava com Moisés face a face. "Não seria maravilhoso termos um lugar como esse?", poderíamos até dizer.

Jesus nos tornou possível essa experiência, quando veio à terra. Já não temos que ir a uma tenda ou ao Templo de Jerusalém. Ao contrário, ele veio morar dentro de nós. Paulo, o apóstolo, escreveu que *somos* o templo agora — a casa do Espírito Santo. Nossos suspiros e nossas orações são sempre ouvidos, porque Deus está conosco e Jesus prometeu que nunca nos deixaria.

Senhor,
Obrigada por não se limitar a um local especial como uma tenda ou um templo. O que me faz o coração transbordar de alegria é saber que o seu Espírito veio habitar em mim. Amém.

30 de março

Ossos mortos vivem

Então ele me disse: "Profetize a esses ossos e diga-lhes: 'Ossos secos, ouçam a palavra do SENHOR! Assim diz o Soberano SENHOR a estes ossos: Farei um espírito entrar em vocês, e vocês terão vida. Porei tendões em vocês e farei aparecer carne sobre vocês e os cobrirei com pele; porei um espírito em vocês, e vocês terão vida. Então vocês saberão que eu sou o SENHOR'".
Ezequiel 37.4-6

Nessa estranha profecia, o profeta Ezequiel foi levado a um vale de ossos secos. Lá, Deus lhe deu uma ilustração do que iria fazer com o povo de Israel. Ele ressuscitaria a vida morta e pecaminosa deles e lhes daria uma nova vida pelo poder do seu Espírito vivificador. A boa notícia é que Deus continua fazendo isso hoje.

Eu tenho uma amiga que professava fé em Cristo, mas, interiormente, tinha um espírito tão morto quanto os ossos secos que Ezequiel viu. Um dia, o pecado que havia tomado conta de sua vida foi exposto. Sua confissão foi como o "barulho" que Ezequiel ouviu quando os ossos no vale começaram a ganhar vida. Pelo poder de Deus, minha amiga experimentou uma transformação espiritual, e aqueles que a conhecem viram que só podia ser uma obra atribuída a Deus.

Senhor,
Somos gratas pelo seu poder de dar vida àquilo que está morto.
Amém.

31 de março

Abril

Treinamento para a vida

Nenhuma disciplina parece ser motivo de alegria no momento,
mas sim de tristeza. Mais tarde, porém, produz fruto de justiça e
paz para aqueles que por ela foram exercitados.
Hebreus 12.11

Uma das minhas amigas gosta de correr maratonas, que são longas corridas de pouco mais de 42 quilômetros. Ela correu a maratona de Nashville há algum tempo, uma corrida que inclui desafios extras de colinas e vales. Minha amiga passou meses treinando para essa competição, e sua preparação incluía correr e treinar nas desagradáveis condições do inverno de Chicago. O treinamento pode ter sido doloroso, mas a preparação dela valeu a pena. Quando correu a maratona de Nashville, ela conseguiu o melhor tempo de sua vida!

A disciplina de Deus em nossa vida é, às vezes, dolorosa também. Mas temos a certeza de que quando tivermos concluído o nosso treinamento, vamos ver e experimentar a prova de sua obra em nossa vida e podemos antecipar a nossa recompensa.

Senhor,
Ajude-me a manter meus olhos na linha de chegada e a me lembrar de que a sua formação em mim é para a sua honra e para o meu bem. Amém.

1º de abril

Novo propósito

Eis que estou à porta e bato. Se alguém ouvir a minha voz e abrir a porta, entrarei e cearei com ele, e ele comigo.
Apocalipse 3.20

O presidente de uma próspera empresa de investimentos estava preocupado com um jovem de sua igreja que estava lutando contra a depressão e o convidou para um almoço. Durante a refeição, ele sugeriu que o jovem viesse trabalhar com ele, assegurando-o de que iria acompanhar sua carreira e seu trabalho. Ser convidado para esse novo desafio profissional trouxe um senso de propósito novo e uma renovada esperança para o jovem.

Deus convidou cada uma de nós para embarcar em uma relação transformadora de vidas, e, para tal, precisamos apenas abrir a porta do nosso coração. Mas, se deixarmos Cristo em pé do lado de fora de nosso coração, ficaremos famintas e pobres. Quando o convidarmos para entrar, viveremos com novo propósito e com nova esperança. Você já abriu a porta do seu coração para ele?

Pai,
Somos gratas porque nosso relacionamento com o Senhor nos dá propósito para viver. Amém.

2 de abril

Profundamente triste

Por que você está assim tão triste, ó minha alma? Por que está assim tão perturbada dentro de mim? Ponha a sua esperança em Deus! Pois ainda o louvarei; ele é o meu Salvador e o meu Deus.
Salmo 42.5-6

Às vezes, sentimo-nos como se fôssemos as únicas que lutam com dúvidas e incertezas no coração. Quão gracioso, então, foi o escritor do Salmo 42, dizendo-nos que não somos as únicas que ficam deprimidas! Ele também ficou. Eu aprecio a maneira simples e direta com que ele expressou seus sentimentos: "Por que você está assim tão triste, ó minha alma?" Ele, porém, não para por aí. Usando a pequena palavra "pois", ele mudou de rumo, algo que provavelmente o ajudou em ocasiões semelhantes: "Pois ainda o louvarei."

É bom nos lembrarmos de como Deus sempre foi o auxílio e o socorro presente para os personagens da Bíblia e de como ele tem sido presente em nossa vida hoje em dia. Essas lembranças da fidelidade de Deus no passado certamente podem nos trazer encorajamento para o presente.

Pai,
Em momentos de tristeza, podemos nos lembrar do Senhor e colocar toda a nossa esperança em Deus. Amém.

3 de abril

Abençoada necessidade

Olhando para os seus discípulos, ele disse:
"Bem-aventurados vocês os pobres, pois a vocês
pertence o Reino de Deus. Bem-aventurados vocês, que
agora têm fome, pois serão satisfeitos. Bem-aventurados
vocês, que agora choram, pois haverão de rir".
Lucas 6.20-21

Você está lutando contra a falta de recursos financeiros, físicos ou emocionais? Sente-se insatisfeita com sua vida do jeito que ela está? De acordo com o Sermão do Monte, pregado por Jesus, esse não é um lugar ruim para se estar. Ele, na verdade, se encaixa na descrição do que Jesus chama de uma vida abençoada.

Jesus não estava dizendo a seus discípulos que pobreza, fome ou lágrimas eram coisas boas em si. Afinal, ele realizou muitos milagres para atender e solucionar tais problemas. Antes, Jesus estava se referindo às nossas atitudes interiores de carência espiritual, dizendo que essas necessidades nos conduzem em direção a uma relação pessoal com Deus, que é de fato a nossa maior necessidade. Somos mais abençoadas não quando "temos" ou "realizamos", mas quando necessitamos de Deus.

Pai,
Somos pessoas necessitadas. Que essas necessidades possam nos conduzir ao Senhor. Amém.

Contemplando estrelas

Ele se assenta no seu trono, acima da cúpula da terra,
cujos habitantes são pequenos como gafanhotos. Ele estende os
céus como um forro, e os arma como uma tenda para neles habitar.
(...) Ergam os olhos e olhem para as alturas. Quem criou tudo
isso? Aquele que põe em marcha cada estrela do seu exército
celestial, e a todas chama pelo nome. Tão grande é o seu poder e
tão imensa a sua força, que nenhuma delas deixa de comparecer!
Isaías 40.22, 26

Recentemente, o trabalho do meu marido o fez viajar para a Nova Zelândia. Ao chegar a Wellington, capital daquele país, ele ficou em um hotel perto da base de vários vulcões no Parque Nacional de Tongariro. Depois do jantar, Jim decidiu passear sob as estrelas, já que a área onde ele estava era longe das luzes da cidade. Quando olhou para o céu, ele, literalmente, se engasgou com o que viu. A Via Láctea no centro do céu e as constelações desconhecidas do hemisfério sul prontamente o convidaram a adorar e a cultuar Deus ali mesmo, sozinho, em um culto sem templo. Nunca, em toda a sua vida, ele tinha visto estrelas tão brilhantes e distintas.

Experiências como essa nos lembram do poder, da força e do cuidado de Deus. É um espetáculo que não precisamos pagar para assistir!

Meu Deus,
Que maravilha é saber que o Senhor criou todas as estrelas e constelações, e que também nos fez. Obrigada! Amém.

5 de abril

Tome coragem

Ele viu os discípulos remando com dificuldade, porque o vento soprava contra eles. Alta madrugada, Jesus dirigiu-se a eles, andando sobre o mar; e estava já a ponto de passar por eles. Quando o viram andando sobre o mar, pensaram que fosse um fantasma. Então gritaram, pois todos o tinham visto e ficaram aterrorizados. Mas Jesus imediatamente lhes disse: "Coragem! Sou eu! Não tenham medo!" Então subiu no barco para junto deles, e o vento se acalmou; e eles ficaram atônitos, pois não tinham entendido o milagre dos pães. O coração deles estava endurecido.

Marcos 6.48-52

Depois que Jesus alimentou mais de cinco mil pessoas com cinco pães e dois peixes, seus discípulos enfrentaram uma tempestade no mar da Galileia. Poderíamos supor que qualquer um que tivesse acabado de ver Jesus realizar um milagre como aquele poderia pensar: "Uma terrível tempestade? Sem problemas!" Mas essa não foi a forma como os discípulos reagiram. Eles, na verdade, ficaram aterrorizados.

Às vezes, nós respondemos de forma semelhante às tempestades em nossa vida. Entramos em pânico. Tentamos tomar conta da situação. Quando enfrentamos nossas próprias tempestades, acreditamos que Jesus, o Filho de Deus, realmente pode vir em nosso auxílio e nos ajudar? Nada no mundo está fora da autoridade de Jesus.

Deus Poderoso,
Nós entramos em pânico muito facilmente, apesar de sabermos que o Senhor já nos ajudou antes. Por favor, dê-nos coragem para confiar no Senhor. Amém.

6 de abril

Ele está vindo

O deserto e a terra ressequida se regozijarão; o ermo exultará e florescerá como a tulipa; (...) Fortaleçam as mãos cansadas, firmem os joelhos vacilantes; digam aos desanimados de coração: "Sejam fortes, não temam! Seu Deus virá, virá com vingança; com divina retribuição virá para salvá-los".

Isaías 35.1, 3-4

"A macieira deve estar começando a florescer", pensei. "Estou espirrando muito!" Fui até a janela da frente e olhei para a árvore que ficava no quintal de casa. Com certeza, os botões estavam começando a florescer. Isso é um sinal de esperança em Chicago, onde os invernos são longos e rigorosos. As estações da nossa vida são, às vezes, como os invernos em minha cidade. Felizmente, Deus nos prometeu que haverá sempre melhores coisas adiante.

Um dia, ele voltará para os seus filhos que foram redimidos. Então, os olhos do cego serão abertos, os ouvidos do surdo serão restaurados e as pernas do deficiente físico poderão saltar de alegria. Botões de flores em árvores são alguns dos lembretes de Deus que mostram que uma alegria interminável espera por aqueles que confiam nele.

Pai,
Obrigada por haver alegria adiante. Por favor, fortaleça-nos enquanto esperamos. Amém.

7 de abril

Expulse as raposas

Apanhem para nós as raposas, as raposinhas que estragam as vinhas, pois as nossas vinhas estão floridas.
Cântico dos Cânticos 2.15

Se um vinhedo não é protegido, raposas podem rápido e facilmente destruir um produto valioso, alimentando-se da vegetação e de frutas disponíveis a elas. Quando elas são descobertas, porém, cercas e portões podem ser instalados para proteger a vinha. Assim como as vinhas, casamentos também precisam de proteção. Quando coisas como preguiça, orgulho, vaidade, dívidas e pornografia ameaçam o casamento, eles precisam ser expostos, perseguidos e colocados para fora e mantidos bem longe, antes que estraguem e danifiquem a vinha do amor.

Infelizmente, essas "raposas" surgem de vez em quando na maioria dos casamentos. Porém, maridos e esposas sábios agem rapidamente para lidar com os problemas, protegendo seu relacionamento com limites adequados, cercas e portões. Se você é casada, que medidas tomará para proteger o seu casamento quando surgirem essas raposas tentando arruinar a sua vinha?

Pai,
Por favor, ajude-nos a identificar e a tomar medidas contra os problemas que surgirem em nossos casamentos. E obrigada por nos ajudar a fazer isso. Amém.

Poder e amor

*E tirou Israel do meio deles... com mão poderosa e
braço forte; ...Àquele que dividiu o mar Vermelho...
e fez Israel atravessá-lo.*
Salmo 136.11-14

Em nossa vida, quando, às vezes, algumas coisas parecem estar fora de controle, é bom nos lembrarmos de que Deus não é passivo. Deus tem sido sempre ativo, e ele está ativo agora, e estará para sempre.

Para confiar nele no presente, será útil nos lembrarmos do que ele fez no passado: "E tirou Israel do meio deles... com mão poderosa e braço forte; ...Àquele que dividiu o mar Vermelho... e fez Israel atravessá-lo." Deus era tanto o Pastor quanto o poderoso Salvador do povo de Israel. E ele não é menos poderoso ou ativo nos dias de hoje do que era na época de Moisés. Assim como Deus guiou o seu povo com poder naquele tempo, ele ainda hoje nos conduz com poder.

Pai,
Obrigada por ser um pastor poderoso e amoroso. Amém.

Luz radiante

*"Logo, se todo o seu corpo estiver cheio de luz,
e nenhuma parte dele estiver em trevas,
estará completamente iluminado, como quando
a luz de uma candeia brilha sobre você".*
Lucas 11.36

É provável que você tenha luz iluminando o quintal, os fundos ou a entrada de sua casa. Refletores emitem feixes estáveis e intensos de luz que se espalham sobre uma vasta área. Instalado em cantos e em paredes de edifícios, eles oferecem uma segurança extra. Refletores também são úteis para os fotógrafos, que não querem sombras em suas fotos.

Em toda a Bíblia, a luz representa Deus, porque Deus é luz. Quando vivemos em relacionamento com Deus, ele faz brilhar a luz da sua verdade em nosso coração como um refletor. Sua luz nos oferece proteção e segurança, eliminando os cantos escuros e as sombras espreitas. A presença de Cristo em nossa vida traz segurança e brilho.

Pai,
Estamos agradecidas porque sua luz ilumina a escuridão do nosso coração. Queremos sempre caminhar na luz. Amém.

10 de abril

Uma armadilha perigosa

Quem teme ao homem cai em armadilhas,
mas quem confia no SENHOR está seguro.
Provérbios 29.25

Em certa manhã, eu estava entrando na lavanderia da minha casa para lavar minha roupa de cama, quando me deparei com um rato, que me assustou. Primeiro, eu gritei. Então, decidi preparar uma armadilha. Quando atraídos por creme de amendoim, aveia ou chocolate (não, ratos não gostam apenas de queijo), eles mordem a isca, não percebendo o perigo que correm.

Algumas de nós fazem o mesmo quando caímos na armadilha de temer as pessoas. O medo constante de pessoas é um atoleiro, e sair requer ajuda. Buscar a Deus para obter segurança é a melhor forma de superar isso. Quanto mais olhamos para o alto e encontramos segurança em nosso relacionamento com Deus, menos poder o medo exerce sobre nós. Confiar em Deus nos ajuda a escapar da perigosa armadilha do medo.

Pai,
Às vezes tememos as pessoas, o que nos impede de progredir. Somos gratas, pois o Senhor nos ajuda a superar os nossos medos. Amém.

11 de abril

O bom arrependimento

A tristeza segundo Deus não produz remorso,
mas sim um arrependimento que leva à salvação,
e a tristeza segundo o mundo produz morte.
2Coríntios 7.10

A maioria de nós tem arrependimentos. Em geral, são coisas que nos fazem sentir desconfortáveis, algo pelo qual sentimos tristeza ou coisas que, ao olharmos para trás, gostaríamos de ter tratado de uma forma diferente. Quando se trata de arrependimento, a diferença entre a imaturidade e a maturidade está na forma como processamos tudo isso. Existem pessoas que estão com raiva, na defensiva e se desculpando apenas por terem sido pegas em algum erro. Nelas, falta o verdadeiro arrependimento, e, talvez por isso, muitas vezes acabam repetindo, algum dia, tudo o que de uma forma errada lamentaram.

Há, no entanto, aqueles que sentem uma tristeza genuína e se arrependem de seus pecados com humildade. A dependência de Deus os ajuda a se afastar do pecado, e, então, crescer e se desenvolver. Não há volta para esse tipo de arrependimento!

Pai,
A tristeza que sentimos quando pecamos é um dos seus graciosos presentes. Por favor, ajude-nos a ver tudo isso sob a sua perspectiva e a provarmos sempre do verdadeiro arrependimento. Amém.

Anuncie o poder de Deus

Agora que estou velho, de cabelos brancos, não me
abandones, ó Deus, para que eu possa falar da tua força
aos nossos filhos, e do teu poder às futuras gerações.
Salmo 71.18

Algumas coisas que dizem respeito ao nosso envelhecimento não são atraentes: pele enrugada, cabelos grisalhos
e o enfraquecimento da visão são, certamente, algumas
delas. No entanto, outros aspectos do envelhecimento são
desejáveis: a sabedoria adquirida com os altos e baixos da
vida, evidências da fidelidade de Deus e as oportunidades para compartilhar essas coisas com os outros.

Mesmo que não haja ênfase alguma nos aspectos
positivos do envelhecimento em nossa cultura ociden-
tal que celebra o novo, Deus nos assegura de que ele
não nos abandona à medida que envelhecemos. Na
realidade, temos oportunidades especiais para servi-lo
enquanto amadurecemos. Temos oportunidades únicas
para contar aos outros sobre como o poder de Deus, ao
longo dos anos, nos tem sido evidente, atendendo, in-
clusive, às nossas necessidades físicas, nos libertando
das armadilhas do pecado e nos ajudando em nossos
relacionamentos. De que forma podemos compartilhar
esses pensamentos com os outros hoje e sempre?

Pai,
Obrigada por não nos abandonar à medida que envelhecemos.
Que possamos aproveitar as oportunidades para contar às gera-
ções mais jovens sobre o seu poder. Amém.

Tulipas por um tempo

Uma voz ordena: "Clame". E eu pergunto: "O que clamarei?"
"Que toda a humanidade é como a relva, e toda a sua glória
como a flor de relva. (...) A relva murcha, e as flores caem,
mas a palavra de nosso Deus permanece para sempre".
Isaías 40.6, 8

Meu marido e eu recentemente viajamos para a Holanda, no auge da temporada da floração das tulipas. Visitamos Keukenhof, um parque magnífico cheio de jardins floridos, onde vimos uma impressionante exposição de tulipas. Keukenhof abre apenas durante os meses de abril e maio, e o parque fica fechado de junho a março. Após esse período, as flores murcham e caem, ficando apenas na memória a sua breve glória, que é rapidamente deixada para trás.

Isaías proclamou que, embora as flores murchem e as pessoas desapareçam como as flores, a Palavra de Deus não. Ela permanece para sempre, com beleza e força deslumbrantes, que nos abençoa e nos transforma enquanto a lemos.

Senhor,
Mesmo com tanta beleza, as flores não se podem comparar com a magnificência e a resistência da sua palavra! Dê-nos sabedoria e disciplina para aproveitarmos isso como se fosse o mais belo jardim. Amém.

14 de abril

Legado fiel

Noemi pôs o menino no colo, e passou a cuidar dele.
As mulheres da vizinhança celebraram o seu nome e disseram:
"Noemi tem um filho!" e lhe deram o nome de Obede.
Este foi o pai de Jessé, pai de Davi.
Rute 4.16-17

Rute, uma jovem viúva moabita, escolheu seguir sua sogra, a também viúva Noemi, de volta a Belém. Ela também fez a escolha de seguir a Deus. Depois que Noemi e Rute chegaram a Belém, Deus graciosamente providenciou comida e abrigo para elas. Ele também proveu um novo marido para Rute. Ela se casou com o bondoso Boaz e teve um filho, Obede, que trouxe grande alegria a seus pais e a Noemi.

Embora Rute não soubesse disso na época, seu filho Obede acabaria por se tornar o avô do rei Davi. Isso significa que Jesus nasceu da linhagem familiar de Rute! As escolhas que fazemos de obedecer a Deus se estendem muito além de qualquer coisa que jamais poderíamos imaginar. A fidelidade de agora deixa um rico legado para o futuro.

Pai,
Que possamos ser fiéis ao Senhor hoje. Queremos deixar um bom legado para aqueles que vierem depois de nós. Amém.

15 de abril

Crescer e prosperar

*Eles se dedicavam ao ensino dos apóstolos e
à comunhão, ao partir do pão e às orações.*
Atos 2.42

Eu não estava satisfeita com o inexpressivo crescimento das flores que tínhamos em volta de casa. Em comparação com as flores da minha mãe, as minhas pareciam anêmicas. "Eu tenho a fórmula", disse minha mãe, "e ela tem produzido flores belas durante anos. Misture 2 copos de farinha de ossos, 1 xícara de sais de Epson e 1 xícara de açúcar em uma lata. Em seguida, coloque uma colher de sopa dessa mistura em cada buraco no solo onde a planta vai crescer. Use esses ingredientes, e suas plantas e flores irão florescer!"

Atos 2.42 nos dá uma fórmula semelhante, que nos mostra como podemos crescer na vida cristã. Combine a verdade de Deus, a comunhão, as refeições compartilhadas, incluindo a ceia e a oração do Senhor, e vamos ver o crescimento acontecer. Essa tem sido uma fórmula comprovada durante séculos.

Pai,
Somos agradecidas porque o Senhor nos deixou orientações específicas sobre como podemos crescer na vida cristã. Amém.

Concentre-se no coração

Visto que tudo será assim desfeito, que tipo de pessoas é
necessário que vocês sejam? Vivam de maneira santa
e piedosa, esperando o dia de Deus e apressando a sua
vinda. Naquele dia os céus serão desfeitos pelo fogo,
e os elementos se derreterão pelo calor.
2Pedro 3.11-12

O velho prédio do hospital que eu havia frequentado por quase trinta anos em breve seria demolido. Em seu lugar, um edifício novinho e moderno seria erguido, e os funcionários estavam ansiosos para se mudar. A última vez que fui ao antigo edifício, notei que o carpete estava se desgastando e imaginei que os proprietários não deveriam querer gastar muito dinheiro com manutenção naquele momento. Assim, o dinheiro deles seria mais bem investido com os pacientes e com tecnologia no interior do hospital.

São importantes avaliações semelhantes acerca de nossa vida. Somos aconselhados a investir nosso tempo e nossos esforços em assuntos do coração, em contraste com o que é temporário e demais coisas externas que não duram. Em que vamos nos concentrar hoje?

Pai,
Apesar de todas as coisas que clamam pelo nosso tempo e energia, queremos nos concentrar em assuntos do coração. Precisamos da sua sabedoria para nos ajudar. Amém.

17 de abril

Falar a Palavra de Deus

Ele me disse: "Filho do homem, fique de pé, que eu vou falar com você". Enquanto ele falava, o Espírito entrou em mim e me pôs de pé, e ouvi aquele que me falava. Ele disse: "Filho do homem, vou enviá-lo aos israelitas, nação rebelde que se revoltou contra mim; até hoje eles e os seus antepassados têm se revoltado contra mim".

Ezequiel 2.1-3

João Ferreira de Almeida, um português que nasceu em 1628, sentiu-se chamado por Deus para traduzir a Bíblia para a língua portuguesa, para que as pessoas pudessem compreender, em sua própria língua, a Palavra de Deus. Em 1676, Almeida comunicou ao presbitério que o Novo Testamento estava pronto. Depois disso, várias foram as dificuldades enfrentadas por ele para ver o texto publicado, o que finalmente aconteceu em 1681. Durante seu ministério, foi pastor da Igreja Reformada Holandesa e, a partir de 1663, serviu em uma congregação de língua portuguesa na cidade de Batávia, onde ficou até o final da vida, em 1691.

Milhares de anos antes, Ezequiel também havia sido chamado por Deus. O Senhor lhe disse que a nação rebelde para a qual ele profetizou teria uma mudança em seu coração por meio de sua Palavra. Hoje, nós podemos entender a Palavra de Deus por causa de homens fiéis como Ezequiel e João Ferreira de Almeida.

Senhor,
Dê-me coragem de falar a sua Palavra cada vez que surgir uma oportunidade. Amém.

18 de abril

O único jeito

Respondeu Jesus: "Eu sou o caminho, a verdade e a vida.
Ninguém vem ao Pai, a não ser por mim. Se vocês realmente
me conhecessem, conheceriam também o meu Pai.
Já agora vocês o conhecem e o têm visto".
João 14.6-7

Minha cunhada, Joana, recentemente ensinou à sua turma de informática como transferir fotos de uma câmera digital. Seus alunos comentaram que o plugue "USB" se encaixa na câmera apenas de uma forma, que foi a planejada pelos engenheiros da fábrica.

Joana foi lembrada de que, apesar da atual tendência cultural de aceitar a noção de que há muitos caminhos que levam a Deus, Jesus fez uma reivindicação de exclusividade. A verdade, por natureza, é exclusiva. Não podemos simplesmente inventar a verdade; nós descobrimos a verdade e vivemos por ela.

Jesus oferece a todos a oportunidade de encontrar a vida plena nele e a viver de acordo com os seus caminhos. Sua verdade é gratuita para todos. Mas ele é o único que pode requerer exclusivamente ser a própria e única verdade.

Senhor Jesus,
Livre-me de me rebelar contra suas reivindicações de exclusividade. E me ajude a viver de acordo com a sua verdade em tudo o que faço. Amém.

19 de abril

O arrependimento é um presente

Semeiem a retidão para si, colham o fruto
da lealdade, e façam sulcos no seu solo não arado;
pois é hora de buscar o SENHOR, até que ele
venha e faça chover justiça sobre vocês.
Oseias 10.12

Antes de plantar feijão ou tomates na primavera, o solo do nosso jardim precisa de uma certa atenção. Usando uma pá ou uma colher, nós nos livramos da sujeira e das ervas daninhas para preparar o solo para as sementes que estamos prestes a plantar.

Assim como o solo duro no chão precisa ser cultivado, corações pecadores e rebeldes também precisam ser preparados.

Assim como o arado é para o solo da terra, o arrependimento é para o solo do nosso coração. Quando confessamos os nossos pecados e pedimos o perdão de Deus, a sua justiça pode se desenvolver em nosso coração.

Permitir que o arado do arrependimento faça o seu bom trabalho nos trará uma ótima colheita, que é o amor. Arrependimento não é algo a ser evitado. É algo para ser buscado.

Pai,
Obrigada porque o arrependimento torna possível que as coisas boas cresçam em nosso coração. Amém.

Amor que reaviva

*Mulheres de Jerusalém, eu as faço jurar pelas gazelas
e pelas corças do campo: não despertem nem provoquem
o amor enquanto ele não o quiser.*
Cântico dos Cânticos 2.7

A intimidade física é para ser despertada apenas no tempo certo, quando um homem e uma mulher são marido e esposa. Não é para ser despertada no momento errado, quando um homem e uma mulher ainda não são casados ou quando são casados com alguma outra pessoa.

No contexto do casamento, o amor que é despertado é um dom de Deus. Fora desse contexto, ele produz todos os tipos de dores e problemas para o homem, para a mulher, para a família deles e para as gerações que ainda virão.

Cada uma de nós é aconselhada pela Palavra de Deus a pensar em maneiras de evitar despertar a intimidade física em um relacionamento inadequado, e ao mesmo tempo pensar como vamos trabalhar para nutrir e desenvolver o amor em nosso casamento.

Pai,
Somos gratas porque o Senhor estabeleceu limites para nos proteger. Ajude-nos a honrar o Senhor, aceitando esses limites. Amém.

21 de abril

Energia disponível

E a incomparável grandeza do seu poder para conosco,
os que cremos, conforme a atuação da sua poderosa força.
Esse poder ele exerceu em Cristo, ressuscitando-o dos mortos
e fazendo-o assentar-se à sua direita, nas regiões celestiais.
Efésios 1.19-20

Imagine que você traga uma mulher das selvas de Papua-Nova Guiné para morar no Rio de Janeiro, equipando a nova casa dela com todos os tipos de aparelhos modernos. E imagine se você a visitasse vários dias depois e a encontrasse no quintal, cozinhando o jantar em uma fogueira ao ar livre? Você, provavelmente, pensaria: "Preciso dizer a ela que há uma cafeteira, uma torradeira, um fogão e uma geladeira na casa que vão ajudá-la e que tornarão a vida dela muito mais fácil."

Às vezes, os discípulos de Jesus Cristo precisam de lembretes semelhantes. O poder está disponível para nos ajudar com todos os desafios da vida! O grande poder de Deus, que ressuscitou Cristo dentre os mortos, é o mesmo poder que nos traz a graça de Deus, a paz, a compreensão e a esperança. Esses presentes estão todos disponíveis para nós quando colocamos nossa fé em Cristo.

Deus,
Louvamos ao Senhor por seu poder que ressuscitou Jesus dos mortos. Obrigada por compartilhar esse poder conosco. Amém.

22 de abril

Cuidado que sustenta

O anjo do SENHOR é sentinela ao redor
daqueles que o temem, e os livra.
Salmo 34.7

"O meu Deus enviou o seu anjo, que fechou a boca dos leões.
Eles não me fizeram mal algum, pois fui considerado inocente à
vista de Deus. Também contra ti não cometi mal algum, ó rei".
Daniel 6.22

Muitas de nós já lamentamos a perda de membros da família ou de amigos, alguns dos quais parecem ter sido levados muito cedo do nosso convívio. Essas situações são impossíveis de fazer sentido e difíceis de aceitar.

Tanto Daniel quanto o salmista sabiam que eles acabariam por morrer um dia. Todas nós sabemos. Mas, apesar disso, eles reconheceram momentos na vida quando já poderiam ter morrido e louvaram a Deus por seu cuidado em mantê-los vivos. Eles descobriram que Deus ainda tinha propósitos para a vida deles.

Sim, cada uma de nós vai morrer. Mas podemos confiar em Deus e lhe agradecer, porque ele nos guardou no passado e vai nos proteger até que seja chegada a nossa hora de irmos encontrar com ele. Ninguém morre antes do dia determinado por Deus.

Pai,
Obrigada por sua constante proteção e sustento, especialmente pelas ocasiões em que nem fomos capazes de notar. Amém.

23 de abril

Viva em harmonia

O Deus que concede perseverança e ânimo dê a vocês um espírito de unidade, segundo Cristo Jesus.
Romanos 15.5

Quando eu tinha oito ou nove anos, descobri o quanto era divertido cantar em harmonia. Até aquele momento, cantarolando ouvindo o rádio ou cantando músicas na igreja, eu sempre havia cantado em uma única melodia. Conhecer um pouco de harmonia abriu uma nova maneira para que eu me expressasse musicalmente. E também me trouxe mais prazer ao cantar.

Assim como aprender a cantar em harmonia com os outros é gratificante para os nossos ouvidos, aprender a viver em harmonia com outras pessoas é gratificante para o nosso coração. Apesar da maioria dos relacionamentos ser constantemente desafiada pela discórdia ou dissonância, o Deus que criou tanto a música quanto as relações nos ajudará a viver em harmonia com os outros, se nós o seguirmos de perto.

Pai,
Ajude-nos a estarmos bem harmonizadas com outras seguidoras de seu filho Jesus. Amém.

Deus de Jacó

Como é feliz aquele cujo auxílio é o Deus de Jacó, cuja esperança está no SENHOR, no seu Deus.

Salmo 146.5

"Venham! Vamos subir a Betel, onde farei um altar ao Deus que me ouviu no dia da minha angústia e que tem estado comigo por onde tenho andado".

Gênesis 35.3

"Como é que Deus é o auxílio de Jacó?", você pode perguntar. Durante os anos anteriores da vida de Jacó, ele não parecia querer a ajuda de Deus. Ele fazia as coisas que achava serem boas, para conseguir tudo o que queria. Mas, quando seu irmão estava planejando matá-lo, ele soube que precisava de ajuda. Então, Deus lhe concedeu segurança, uma grande família e uma grande quantidade de rebanhos e manadas.

Por causa do cuidado protetor do Senhor, Jacó aprendeu que o Deus de seu pai poderia ser o seu Deus também. A vida dele também tinha bênçãos e dificuldades, assim como a nossa. Por meio das experiências na vida de Jacó relatadas na Bíblia, somos lembradas de que Deus está conosco, nos ajuda e sempre cumpre suas promessas.

Pai,
Também precisamos muito da sua ajuda. Amém.

25 de abril

Um Deus relacional

*"E habitarei no meio dos israelitas e serei o seu Deus.
Saberão que eu sou o SENHOR, o seu Deus, que os tirou do Egito
para habitar no meio deles. Eu sou o SENHOR, o seu Deus".*
Êxodo 29.45-46

Às vezes, eu coço a cabeça e me pergunto por que um Deus santo desejaria ter um relacionamento conosco? Não tenho certeza de que vou entender completamente até chegar ao céu. Em toda a Bíblia, porém, fica claro que Deus *quer* ter um relacionamento conosco.

No Antigo Testamento, o fato de Deus se dispor a descer e habitar em uma tenda a fim de estar com os filhos de Israel expressou muito da sua preocupação para com eles.

No Novo Testamento, o fato de Jesus se dispor a descer, viver em um corpo humano e morrer uma morte cruel por nossos pecados demonstrou a extensão de seu amor e sua preocupação para com a humanidade. Isso revela um pouco do quanto Deus se preocupa conosco.

Pai,
É impressionante perceber a iniciativa que o Senhor tomou de nos procurar e estar perto de nós. Amém.

26 de abril

Presentes criativos

*"Tu, Senhor e Deus nosso, és digno de receber a glória,
a honra e o poder, porque criaste todas as coisas,
e por tua vontade elas existem e foram criadas".*
Apocalipse 4.11

Entre no santuário de minha igreja em qualquer domingo e você vai notar bandeiras festivas. No Natal, ele fica especialmente mais bonito quando bandeiras vermelhas e douradas chamam a atenção de todos os que entram. Isso faz parte do trabalho criativo de Marge, uma mulher da nossa comunidade, que recebe elogios de todas as pessoas que visitam a nossa igreja.

Deus é o Criador supremo e criou o mundo e tudo o que há nele, incluindo você e eu. Nós, e tudo o mais ao nosso redor, existimos porque Deus nos imaginou, nos formou e nos fez ser. E, para ficar ainda melhor, ele tem prazer em nós. Mais do que qualquer outro no universo, Deus é digno, admirável, confiável e respeitável — para receber mais do que elogios. Só ele é digno de receber glória, honra e louvor.

Pai,
Todos os nossos dons vêm de Deus e fluem de sua fonte criadora. Dê-nos o desejo de retornar esses presentes para o Senhor em forma de louvor e adoração. Amém.

27 de abril

Palavras gentis

O falar amável é árvore de vida,
mas o falar enganoso esmaga o espírito.
Provérbios 15.4

Que enorme contraste existe entre palavras suaves e palavras enganosas! Palavras gentis constroem. Elas são bondosas: "Sei que você está tendo um dia difícil, como posso ajudar?" Elas são pacíficas: "Vejo que não concordamos nisso. Mas como podemos resolver isso respeitosamente?" Elas são compassivas: "Sinto muito sobre o que aconteceu, por favor, me diga se há algo que eu possa fazer para ajudar."

Palavras enganosas levam as coisas para a direção oposta. Elas esmagam: "Vou enganá-lo se eu quiser, porque gosto de levar vantagem." Elas desmoralizam: "Mesmo se eu mentir para você, espero que me tolere e me respeite de qualquer maneira." Elas devastam: "Você é uma perdedora, e não há mais esperança para a sua vida." Palavras gentis confortam, palavras enganosas esmagam. A gentileza ganha sempre.

Pai,
A maioria de nós tem dito e recebido palavras ofensivas. Mas queremos ser mulheres marcadas pelo uso de palavras gentis. Amém.

Misericórdia divina

*Ele orou ao SENHOR: "SENHOR, não foi isso que eu
disse quando ainda estava em casa? Foi por isso que me
apressei em fugir para Társis. Eu sabia que tu és Deus
misericordioso e compassivo, muito paciente, cheio de amor
e que promete castigar, mas depois te arrependes".*
Jonas 4.2

Quando ouvimos o nome de Jonas, geralmente pensamos no grande peixe que engoliu o profeta do Antigo Testamento que fugiu de Deus. A história tem mais do que apenas esses dois personagens, apesar de tudo. No livro de Jonas, vemos a incrível misericórdia de Deus. A misericórdia que está disponível para qualquer pessoa que percebe sua real necessidade espiritual, não importa o que ela tenha feito até então. Jonas lutou para entender como Deus poderia estender a sua misericórdia para os ninivitas, que eram inimigos de seu país.

Como Jonas, às vezes, temos dificuldade e lutamos para entender a misericórdia de Deus por alguém que aparentemente não merece... até que sejamos honestas o suficiente para admitir que também somos indignas. Felizmente, Deus deseja perdoar qualquer um que se arrependa do pecado e se volte para ele.

Deus compassivo,
Obrigada por nos estender misericórdia. Por favor, ajude-nos a mostrar misericórdia para com os outros. Amém.

29 de abril

O comando do amor

*Toda a terra tema o SENHOR; tremam diante dele
todos os habitantes do mundo. Pois ele falou,
e tudo se fez; ele ordenou, e tudo surgiu.*
Salmo 33.8-9

O que você pode comandar com a sua voz? Donos de cachorros podem (às vezes) comandar seus cães para que se assentem ou fiquem parados. Professores podem (espero) pedir silêncio na sala de aula. Treinadores (muitas vezes) pedem tempo para as suas equipes.

Os comandos de Deus na criação foram muito diferentes. Muito mais do que apenas comandar alguém a fazer alguma coisa, Deus realmente trouxe o mundo à existência por sua própria palavra. Sejam os Alpes Franceses, as Montanhas Rochosas canadenses ou as Maldivas, Deus fez tudo existir simplesmente pela palavra de seu comando.

Apesar do poder de sua voz, porém, ele não vai nos forçar a amá-lo. Para isso, ele nos ofereceu o direito de escolha. O amor deve ser livre para ser dado, ou não é amor verdadeiro.

Senhor,
Estou admirada porque mesmo o Senhor tendo chamado o mundo à existência, ainda assim me deu liberdade para escolher. Ajude-me a amá-lo com todo o meu coração, minha alma e minha força. Amém.

30 de abril

Maio

Mensageiros

Então ouvi a voz do SENHOR, conclamando:
"Quem enviarei? Quem irá por nós?"
E eu respondi: "Eis-me aqui. Envia-me!"
Isaías 6.8

Quando algo dá errado com o nosso smartphone ou computador, raramente pensamos que o problema seja dos transmissores. Mas eles desempenham um papel importante na nossa comunicação, enviando todos os tipos de informações de forma digital. O profeta Isaías disse ao Senhor que estava interessado em ser um dos transmissores de Deus, que estava disposto a enviar todas as informações dele.

Isaías foi, certamente, um bom candidato para esse trabalho, mas não por ser perfeito. Como ele tinha visto seu próprio pecado, confessou-o e recebeu de Deus o perdão, e, por essa razão, poderia ser um transmissor eficaz da verdade de Deus e da sua graça para com os outros. Quando, assim como Isaías, vemos nossos pecados, confessamos a Deus e recebemos o seu perdão, também podemos ser transmissores eficazes.

Pai,
Estamos bem cientes do quanto o seu amor e seu perdão nos alcançou. Que possamos compartilhar isso com os outros. Amém.

1º de maio

Boas-novas!

Depois que João foi preso, Jesus foi para a Galileia,
proclamando as boas-novas de Deus. "O tempo é
chegado", dizia ele. "O Reino de Deus está próximo.
Arrependam-se e creiam nas boas-novas!"
Marcos 1.14-15

Qual é a melhor notícia que você poderia receber hoje? Que o seu marido encontrou um emprego estável? Que a grave enfermidade de um de seus filhos está regredindo? Que seus pais se reconciliaram? Cada uma dessas poderia ser considerada uma boa notícia, mas, ao mesmo tempo, poderia durar apenas alguns momentos ou dias.

No entanto, a Boa Notícia que Jesus pregou dura para sempre. Isso é o que a torna Boa Notícia, com letras maiúsculas. Jesus disse que aqueles que estão dispostos a se arrepender dos seus pecados (abandonar sua antiga maneira de viver) e se voltar para Deus mediante a fé em Jesus, vão receber a melhor notícia conhecida pela humanidade: o perdão dos pecados, a promessa de vida eterna e a presença do poder de Deus. Essa é, definitivamente, uma Boa Notícia, hoje e para sempre.

Pai,
Obrigada por sua Boa Notícia fazer a diferença sempre. Amém.

2 de maio

Deus nunca dorme

Ele não permitirá que você tropece; o seu protetor
se manterá alerta, sim, o protetor de Israel
não dormirá, ele está sempre alerta!
Salmo 121.3-4

Quando ouço a palavra sono, penso que foram poucas as festas do pijama das quais participei e em que perdi o sono. O sono, mais conhecido como vontade de dormir, é comum a nós todas. É comum aos animais também. Alguns animais dormem de forma diferente de nós. Bovinos, equinos e ovelhas podem dormir até em pé. Baleias e golfinhos, respiradores conscientes, dormem com apenas uma metade do seu cérebro de cada vez (com um olho fechado!)

Deus, que é totalmente diferente de nós e dos animais, não dorme. Não consigo compreender isso porque, na maioria das noites, eu caio na cama exausta, vencida pelo sono. Sou grata porque Deus, que cuida de mim, nunca dorme.

Pai,
Obrigada por cuidar de nós fielmente, de dia e de noite. Amém.

3 de maio

A integridade é prazerosa

O SENHOR detesta os perversos de coração,
mas os de conduta irrepreensível dão-lhe prazer.
Provérbios 11.20

Você prefere ouvir que alguém se deleita em você...
ou que a detesta? O autor do livro de Provérbios nos
preparou para essa pergunta quando comparou um
coração íntegro a um coração perverso. Um coração
íntegro é pleno de honestidade, bondade e pureza.
Um coração perverso é cheio de corrupção, maldade
e falsidade.

A boa notícia é que um coração íntegro começa a se
desenvolver quando aceitamos o perdão dos pecados,
que nos é oferecido por Deus por meio da fé na morte
e ressurreição de Jesus. Deus tem prazer quando nos
afastamos do pecado e confiamos em Cristo para
nos dar novos pensamentos e novos comportamentos.

Pai,
Queremos agradá-lo. Dê-nos sua força e sua graça para sermos
mulheres de integridade. Amém.

4 de maio

Nós somos família

Porque Deus nos escolheu nele antes da criação do mundo,
para sermos santos e irrepreensíveis em sua presença. Em amor
nos predestinou para sermos adotados como filhos por meio de
Jesus Cristo, conforme o bom propósito da sua vontade.
Efésios 1.4-5

Após o nascimento do nosso primeiro filho, meu marido escreveu as seguintes palavras em seu diário: "Quando Chad nasceu, nada poderia ter me preparado para o profundo amor que senti por este meu filho. Eu sabia que ele era meu, mas não sabia nada sobre sua personalidade ou sobre quais seriam os seus interesses. No entanto, eu o amei, e estava preparado para morrer por ele, se fosse necessário."

Meu marido diz que, a partir daquele momento, ele entendeu melhor o amor de Deus. Nós somos filhos de Deus por adoção, e ele nos adotou, embora soubesse sobre o nosso pecado desde o início dos tempos. Sabendo disso, ele ainda morreu por nós. Que amor incrível!

Senhor,
Obrigada por seu incrível amor por nós. Amém.

Instrumentos nas mãos de Deus

Não ofereçam os membros do corpo de vocês ao pecado, como instrumentos de injustiça; antes ofereçam-se a Deus como quem voltou da morte para a vida; e ofereçam os membros do corpo de vocês a ele, como instrumentos de justiça.

Romanos 6.13

Comprar um violino é uma experiência fascinante. Sempre que via ou ouvia vários instrumentos que haviam sido feitos em lugares como Alemanha, França e Itália, eu me perguntava: "Quem tocou esse instrumento? Onde ele já foi usado? Quantas vezes ele mudou de mãos?" E já que violinos não fazem música por si só, o som que esse instrumento em particular faz, em última análise, depende da pessoa que o toca.

As pessoas, assim como os violinos, são meros instrumentos. A qualidade e a beleza da música que fazemos depende de para quem entregamos nossa vida. Quando nos apresentamos a Deus como seus instrumentos para fazer o que é certo, ele vai realizar coisas boas em nós e por intermédio de nós.

Deus,
Somos gratas pela nova vida que o Senhor nos deu. Oferecemo-nos ao Senhor, de corpo e alma. Amém.

6 de maio

Instrução durante a noite

Bendirei o SENHOR, que me aconselha; na escura noite o meu coração me ensina! Sempre tenho o SENHOR diante de mim. Com ele à minha direita, não serei abalado.

Salmo 16.7-8

A maioria de nós já teve instrutores em algum momento de nossa vida. Instrutores de direção, instrutores de natação, instrutores de piano. Davi, o autor do Salmo 16, pensou em Deus como o instrutor do seu coração. Que belo pensamento!

Algumas pessoas pagam muito dinheiro a terapeutas e conselheiros, mas não há um instrutor mais capacitado do que Deus, porque ele nos conhece melhor do que ninguém. Sua verdade e sua instrução estão disponíveis a qualquer hora do dia. Na verdade, à medida que passamos tempo de nossa caminhada lendo a sua Palavra e nos comunicando com ele por meio da oração, ele continua a nos instruir, mesmo durante a noite. Imagine isso! O tempo investido com Deus, que é o instrutor do nosso coração, traz benefícios para a nossa vida, mesmo durante as nossas horas de sono!

Pai,
Sua palavra continua trabalhando em nosso coração, mesmo durante a noite! Amém.

7 de maio

Aceitar a correção

Todo o que ama a disciplina ama o conhecimento,
mas aquele que odeia a repreensão é tolo.
Provérbios 12.1

"A essência da boa escrita", disse William Zinsser, "é reescrever". Sempre que começo a colocar minhas ideias e meus pensamentos no papel, em geral, o que escrevo não parece certo em uma primeira leitura. Raramente escrevo uma frase que não precise ser consertada. Mesmo depois de voltar e reescrever, os editores ainda fazem mais correções, e eu quase sempre as aceito.

A vida é muito parecida com a escrita. É cheia de oportunidades para correção, se estivermos abertas a elas. A Bíblia chega a ponto de dizer que é estúpido rejeitar a correção. Então, na próxima vez que alguém sugerir que você precisa ajustar ou alterar algo em sua vida, ouça atentamente. O conselho que esse alguém está oferecendo pode ser útil para o seu crescimento e seu desenvolvimento.

Pai,
Ajude-nos a aceitar a correção com humildade. Amém.

8 maio

Amor inclusivo

Então Pedro começou a falar: "Agora percebo verdadeiramente que Deus não trata as pessoas com parcialidade, mas de todas as nações aceita todo aquele que o teme e faz o que é justo".
Atos 10.34-35

Quando crianças, quem de nós não esperava que o professor mostrasse certa parcialidade de vez em quando? Enquanto o favoritismo pode, em alguns momentos, nos fazer sentir seguras, no entanto, muitas vezes pode fazer com que os outros se sintam ignorados. Consequentemente, eu sou grata porque Deus não mostra nenhum favoritismo por ninguém.

Neste mundo de mais ou menos 200 nações, ele não mostra parcialidade ou preconceito. Ao contrário, deixa claro que está à procura de todo mundo e de cada pessoa, *sem exceção*. Para experimentarmos a segurança e o amor que tal imparcialidade oferece, Deus pede que creiamos em Jesus. Qualquer um que fizer isso será perdoado de seus pecados. É difícil entender esse amor inclusivo, mas Deus nos oferece a cada novo dia provas reais desse amor.

Pai,
Obrigada por sua mensagem de amor, que é para todas as pessoas, em todos as nações. Amém.

9 de maio

Controle de raiva

Quando vocês ficarem irados, não pequem;
ao deitar-se reflitam nisso e aquietem-se.
Salmo 4.4

Em toda a Bíblia, e no livro dos Salmos em particular, pode-se observar que a raiva é uma emoção comum. Algumas de nós a expressamos enquanto outras a reprimem, mas o fato é que iremos senti-la de vez em quando. O desafio é lidar com isso de uma forma construtiva e não permitir que ela nos controle nem nos domine.

Permanecer em silêncio tempo suficiente para pensar e orar é uma coisa sensata a se fazer. Expressar os nossos sentimentos a Deus também é saudável — os salmistas faziam isso regularmente. E falando a verdade em amor? Embora fácil de negligenciar, é um passo poderoso para viver com integridade. Graças aos princípios saudáveis de comunicação que Deus nos deu por toda a Bíblia, podemos evitar o poder destrutivo da raiva.

Pai,
Podemos ver a destruição que a raiva causa tanto em nós quanto nos que vivem à nossa volta. Por favor, ajude-nos a lidar com ela adequadamente. Amém.

10 de maio

Vasos de barro

Pois Deus, que disse: "Das trevas resplandeça a luz",
ele mesmo brilhou em nossos corações, para iluminação do
conhecimento da glória de Deus na face de Cristo. Mas temos
esse tesouro em vasos de barro, para mostrar que este poder
que a tudo excede provém de Deus, e não de nós.
2Coríntios 4.6-7

Todos os anos, meu marido e eu procuramos adiantar o processo de plantio das nossas flores. O inverno de Chicago é longo, então nós gostamos muito do calor e da luz que surgem com a chegada da primavera. Na primeira semana de maio, nós compramos uma variedade especial de flores coloridas, depois as plantamos em um vaso de barro e penduramos em um gancho perto da entrada da nossa casa.

Não há nada de especial nesse vaso de barro. E não é o próprio vaso em si que é bonito, mas o espetáculo de cores plantadas dentro dele que atrai a atenção de quem vê. A Bíblia diz que somos como vasos de barro. Se Cristo está em nós, somos recipientes da grandeza da luz e da vida de Deus.

Senhor,
Às vezes, me vejo autocentrada, pensando que eu, "o vaso", sou a mais importante. Dê-me humildade para refletir a sua bondade, e assim outras pessoas irão ver a sua glória por intermédio de mim. Amém.

11 de maio

A sós com Deus

Tendo despedido a multidão, subiu sozinho a um
monte para orar. Ao anoitecer, ele estava ali sozinho.
Mateus 14.23

Quanto você pode realizar em 24 horas? Dentro de um intervalo de tempo inferior a 24 horas, Jesus alimentou cinco mil pessoas (com apenas cinco pães e dois peixes), andou sobre a água e curou todos os que tocou.

Preservada entre alimentar os cinco mil e caminhar sobre a água estava... a oração. Como Jesus agia em seu tempo de oração? *Ficava sozinho*, e *por conta própria*. Se procurar um tempo para estar a sós com Deus, o Pai, foi necessário para Jesus, quanto mais importante é para nós!

Andrew Murray, um famoso missionário que trabalhou na África do Sul, escreveu: "Que este seja o meu principal objetivo na oração, perceber a presença de meu Pai celestial. Então, deixo meu maior objetivo ser: 'estar a sós com Deus'."

Pai,
Jesus nos deixou um grande exemplo. Que nós também possamos ter tempo para estarmos a sós com o Senhor. Amém.

12 de maio

Encontro no táxi

Para que sejam conhecidos na terra os teus caminhos, a tua salvação entre todas as nações. Louvem-te os povos, ó Deus; louvem-te todos os povos. Exultem e cantem de alegria as nações, pois governas os povos com justiça e guias as nações na terra.
Salmo 67.2-4

Meu marido trabalha para uma editora cristã internacional e viaja por todo o mundo. Recentemente, após entrar em num táxi em Cingapura, ele viu um dos livros de sua editora sobre o painel do carro. O motorista explicou que ele tem um ministério com as pessoas que entram em seu táxi. Ele as ouve e ora por elas.

Embora o meu marido e o taxista vivam em mundos separados, os dois são conectados de alguma maneira por causa da fé mútua em Jesus Cristo. De leste a oeste, o evangelho faz o seu caminho por toda a terra, transformando as pessoas que eram estranhas em amigas, porque são filhas do mesmo Pai, que é Deus.

Pai,
Obrigada porque o Senhor não está limitado pelo tempo ou pelo espaço. Que possamos encontrar alegria nessa verdade a partir de hoje! Amém.

13 de maio

Firmemente enraizada

Oro para que, com as suas gloriosas riquezas, ele os fortaleça no íntimo do seu ser com poder, por meio do seu Espírito, para que Cristo habite em seus corações mediante a fé;
Efésios 3.16-17

Você se lembra de haver estudado os sistemas radiculares das plantas na escola? Caso tenha estudado, provavelmente aprendeu que, para uma planta prosperar e se desenvolver acima do solo, é necessário ter um sistema radicular saudável debaixo do solo. E se não existem quantidades suficientes de oxigênio, de água, de nutrientes e de calor no solo debaixo da planta, é impossível para os caules, folhas e flores brotarem.

Nosso coração é como raízes de plantas que crescem quando as condições são favoráveis. Quando nosso coração depende do amor infinito de Deus e de seus recursos ilimitados, o seu Espírito nos capacita com a estabilidade do crescimento. Assim como o crescimento de uma planta depende de um forte sistema de raízes, o nosso coração também reage da mesma forma.

Pai,
Nós lhe agradecemos por compartilhar os seus recursos ilimitados conosco. Amém.

14 de maio

Uma fundação correta

Por isso diz o Soberano, o SENHOR: "Eis que ponho em Sião uma
pedra, uma pedra já experimentada, uma preciosa pedra angular
para alicerce seguro; aquele que confia, jamais será abalado".
Isaías 28.16

Um dia, meu marido e eu fizemos planos de ficar em um hotel em Atlanta... até que descobrimos que parte do hotel havia desmoronado. Engenheiros foram trazidos para o local e descobriram que a fundação do prédio havia sido corroída por um rio subterrâneo que passava embaixo dele. Diante disso, Jim e eu procuramos outro lugar para ficar na cidade.

Se estamos falando de edifícios ou de vidas, as fundações certamente fazem a diferença. Estabelecer nossa vida em qualquer base que não seja Jesus Cristo, dinheiro, sonhos ou educação, é como construir sob uma fundação instável. Colocar a nossa fé em Cristo é uma maneira segura de construir e edificar, porque Jesus é o firme fundamento.

Deus,
O Senhor é grande, e glorioso é o seu nome em toda a terra.
Amém.

15 de maio

Renovação radical

*De fato, vocês ouviram falar dele, e nele foram ensinados de
acordo com a verdade que está em Jesus. Quanto à antiga maneira
de viver, vocês foram ensinados a despir-se do velho homem, que
se corrompe por desejos enganosos, a serem renovados no modo de
pensar e a revestir-se do novo homem, criado para ser semelhante
a Deus em justiça e em santidade provenientes da verdade.*

Efésios 4.21-24

Um jarro de prata que depois de manchado brilha novamente... uma antiga casa, tida antes como brega, transformada em chique e elegante. Reformas radicais são divertidas de se observar. Antes de o Espírito Santo de Deus começar sua obra transformadora em nós, também estávamos precisando de uma bela reforma. Quando o Espírito Santo passa a residir em nós, atitudes negativas e pensamentos imorais são identificados e superados.

O processo de demolição não acontece todo de uma só vez. Isso leva tempo. Mas, à medida que mergulhamos na Palavra de Deus e a deixamos inundar o nosso coração, o seu Espírito começa a nos renovar, provocando novos pensamentos e atitudes que são justas e santas diante do Senhor. Restaurações e reformas, quando são feitas por Deus, são um belo espetáculo para ser visto.

Pai,
A perspectiva de uma vida transformada nos traz muitas esperanças. Estamos agradecidas porque o seu Espírito é poderoso para renovar nossos pensamentos e nossas atitudes. Amém.

16 de maio

Honrar a Deus

Quanto ao mais, irmãos, já os instruímos acerca de como viver a fim de agradar a Deus e, de fato, assim vocês estão procedendo. Agora pedimos e exortamos a vocês no Senhor Jesus que cresçam nisso cada vez mais.

1Tessalonicenses 4.1

Durante um momento difícil na minha vida, eu estava relutando antes de tomar uma decisão importante. Parecia algo pequeno naquele momento, mas pequenas decisões tendem a ter grandes efeitos. Enquanto conversava com uma mulher sábia que conhecia as particularidades da minha situação, confesso que fiquei intrigada com os conselhos que ela me deu. Ela não sugeriu exatamente o que eu deveria ou não fazer, mas me ofereceu três palavras sábias: "honrar a Deus." Isso foi tudo o que ela disse!

Essas sábias palavras me ajudaram a colocar as coisas em uma melhor perspectiva. São palavras que falam não só acerca de ações, mas também de atitudes. Quando fazemos isso, tendo como nosso objetivo principal agradar a Deus, ele certamente nos ajudará a saber como devemos prosseguir nos mostrando o passo seguinte que devemos dar.

Pai,
Queremos honrá-lo em tudo que fazemos. Que isso possa se tornar um crescente desejo dentro de nosso coração. Amém.

17 de maio

Não perca a esperança

Quando ele chegou à casa do dirigente da sinagoga e viu os flautistas e a multidão agitada, disse: "Saiam! A menina não está morta, mas dorme". Todos começaram a rir dele.
Mateus 9.23-24

Quando uma situação que nos rodeia parece obscura, ou quando uma pessoa que conhecemos parece ter arruinado sua vida com algo como imoralidade sexual, drogas ou jogos de azar, é muito fácil deixarmos essa pessoa de fora de nossa vida e pensarmos: "Ela nunca vai mudar. É impossível!" É verdade que algumas pessoas não mudam. Mas nem todas são assim.

Assim como Jesus trouxe uma pessoa morta de volta à vida, ele pode trazer nova vida para as pessoas sobre as quais perdemos toda a esperança. Que situação, aparentemente impossível de ser superada, você está enfrentando hoje? Tenha cuidado para não desistir da esperança ou até mesmo rir da ideia de que Deus pode fazer o impossível.

Pai,
Nós o louvamos, pois o Senhor ainda faz coisas consideradas por muitos como impossíveis. Amém.

18 de maio

A fofoca destrói

Quem muito fala trai a confidência, mas quem
merece confiança guarda o segredo.
Provérbios 11.13

Contam que, por volta da Idade Média, um jovem se aproximou de um monge, dizendo: "Eu pequei fofocando sobre alguém. O que devo fazer agora?" O monge sugeriu que o jovem colocasse penas em cada porta na cidade, e o jovem homem decidiu seguir tais instruções. Depois de um tempo, ele voltou ao monge, perguntando se havia qualquer outra coisa que ele pudesse fazer. "Sim, pode", disse o monge. "Volte e pegue todas essas penas." O jovem percebeu que a tarefa era impossível, porque o vento havia soprado as penas por toda a cidade.

A fofoca é como essa história. Uma vez espalhada, é impossível de recuperar e muito difícil de reparar. Talvez uma razão pela qual os cães tenham tantos amigos seja porque eles abanam o rabo, e não a língua!

Pai,
Fortaleça-nos para mantermos o silêncio sempre que ele for mais oportuno do que as nossas palavras. Amém.

Quebrando a luz

Mas, para vocês que reverenciam o meu nome, o sol da justiça se levantará trazendo cura em suas asas. E vocês sairão e saltarão como bezerros soltos do curral.

Malaquias 4.2

"Por causa das ternas misericórdias de nosso Deus, pelas quais do alto nos visitará, o sol nascente para brilhar sobre aqueles que estão vivendo nas trevas e na sombra da morte, e guiar nossos pés no caminho da paz".

Lucas 1.78-79

Acessando um conceituado site de previsão do tempo, posso saber exatamente o momento em que o sol vai sair na cidade em que vivo. Tudo o que tenho a fazer é informar o meu CEP e verificar as previsões do tempo, a aurora e o pôr do sol na tela do meu computador.

O levantar do sol profetizado na Bíblia não veio com tempos exatos. As palavras proféticas de Zacarias foram pronunciadas após quatro séculos de silêncio. O surgimento cósmico de Cristo como a Luz do mundo estava muito próximo, e o Sol estava prestes a subir! Com a Alvorada, que foi o nascimento de Jesus, a luz veio iluminar a nossa escuridão e trazer a cura para nossa alma. E só Deus sabia exatamente quando isso iria acontecer!

Pai,
Vendo as suas profecias cumpridas, nós nos convencemos de como o Senhor é totalmente confiável. Obrigada por isso. Amém.

20 de maio

O marco

Daí em diante Jesus começou a pregar: "Arrependam-se,
pois o Reino dos céus está próximo".
Mateus 4.17

Desde o início do ministério terreno de Jesus, dois verbos que as pessoas ouviram-no dizer foram: *arrepender* e *voltar*. Essas duas palavras simples, carregadas de esperança, continuam a nos falar até hoje. Quando nos arrependemos e sentimos tristeza por nosso pecado, há esperança para nossa vida. Quando nos afastamos do pecado e do egoísmo — e quando fazemos uma reviravolta e mudamos nossa direção para seguir Deus —, o Reino dos céus fica realmente próximo de nós. Ele cresce diretamente em nosso próprio coração.

Arrependa-se do seu pecado. Volte-se para Deus. O marco que comprova o fato de que o Reino de Cristo está em nosso coração reside nessas duas pequenas, mas importantes, palavras.

Bondoso Pai,
Às vezes, vemos o arrependimento como algo a ser evitado. Por favor, ajude-nos a vê-lo como um dom de sua graça, porque ele nos traz para mais perto do Senhor. Amém.

21 de maio

Como uma oliveira

*Mas eu sou como uma oliveira que floresce na casa de Deus;
confio no amor de Deus para todo o sempre. Para sempre te
louvarei pelo que fizeste; na presença dos teus fiéis
proclamarei o teu nome, porque tu és bom.*
Salmo 52.8-9

Cultivada em lugares como a África do Sul, Califórnia, Austrália e na bacia do Mediterrâneo, a oliveira é uma das árvores com maior longevidade no mundo. Na ilha de Brijuni, foi encontrada uma oliveira que, segundo dizem, tem cerca de 1.600 anos de idade, e ainda hoje produz frutos.

As oliveiras são uma imagem de prosperidade e frutificação. No Salmo 52, Davi observou que, embora as pessoas más acabem, um dia, sendo destruídas, as pessoas que confiam no amor infalível de Deus irão prosperar e florescer como uma oliveira.

A chave para uma vida que floresce e frutifica para a eternidade é manter a firme confiança no Deus de amor infalível. Confiar em Deus é ser bem-sucedida.

Pai,
Também queremos prosperar aprendendo a confiar no Senhor.
Amém.

22 de maio

Respeito pelo templo

*Acaso não sabem que o corpo de vocês é santuário do Espírito
Santo que habita em vocês, que lhes foi dado por Deus, e que
vocês não são de si mesmos?*
1Coríntios 6.19

Já visitei alguns belos templos: a Catedral de São Paulo, em Londres, a Catedral de Santo Estêvão, em Viena,
e a Catedral de Colônia, na Alemanha. Quando entrei
nesses edifícios, fui tomada por um certo senso de temor. Eu não teria pensado em escrever o meu nome
nas paredes de pedra ou escrever uma mensagem nelas
com spray.

Certamente, locais como esses merecem ser trata-
dos com respeito. Mas talvez demonstremos mais respeito por esses edifícios do que por nosso corpo, que
são templos em que Deus vive, se confiamos em Cristo. Como o nosso corpo foi feito por Deus e é habitado
por seu Espírito, precisamos tratá-lo com a honra que
Deus merece.

Deus Pai,
Que privilégio ser seu templo! Que possamos tratá-lo com respeito. Amém.

23 de maio

Multiplicação

"Pois por meu intermédio os seus dias serão multiplicados, e o tempo da sua vida se prolongará. Se você for sábio, o benefício será seu; se for zombador, sofrerá as consequências".
Provérbios 9.11-12

Provérbios é um livro de princípios que realmente funcionam. Um princípio que está presente por todo o livro é: a sabedoria tem o poder de multiplicar. Sabedoria aumenta, se expande e produz todos os tipos de coisas boas em nossa vida. Os pais sábios, que criam seus filhos com o equilíbrio saudável de amor e disciplina, colhem os benefícios de crianças bem-comportadas e respeitosas (que, em seguida, produzirão netos bem-comportados).

Mulheres sábias que praticam a pureza sexual antes e durante o matrimônio crescem em confiança com seus maridos durante todo o casamento, e tudo de bom, no que se refere às relações, é construído na base da confiança.

As pessoas sábias que trabalham duro e planejam com sabedoria no verão da vida costumam produzir e guardar muito para o inverno da vida. Simplificando, a busca pela sabedoria multiplica o nosso tempo!

Generoso Pai,
Obrigada pelos ricos benefícios que experimentamos quando seguimos os seus princípios. Amém.

24 de maio

Levado para longe

Então colocará as duas mãos sobre a cabeça do bode vivo e confessará todas as iniquidades e rebeliões dos israelitas, todos os seus pecados, e os porá sobre a cabeça do bode. Em seguida enviará o bode para o deserto aos cuidados de um homem designado para isso. O bode levará consigo todas as iniquidades deles para um lugar solitário. E o homem soltará o bode no deserto.
Levítico 16.21-22

Para encontrar o perdão dos pecados nos dias do Antigo Testamento, o sumo sacerdote, primeiro, oferecia um animal como sacrifício pelos seus próprios pecados. Em seguida, ele oferecia dois animais para lidar com os pecados do povo. Quando o primeiro dos dois animais era abatido, a maldição do pecado era passada para o animal em vez de para as pessoas que a mereciam. O segundo animal, em vez de ser abatido, era enviado para o deserto, levando os pecados do povo.

Tudo isso foi uma tipificação do que Jesus faria com o nosso pecado. Deus colocou em Jesus o julgamento que nos era devido, para que pudéssemos ser perdoadas de nossos pecados e termos paz com Deus.

Bondoso Pai,
Somos gratas porque o Senhor forneceu uma maneira para que os nossos pecados pudessem ser perdoados. Amém.

25 de maio

Doce perfume

Mas graças a Deus, que sempre nos conduz vitoriosamente em Cristo e por nosso intermédio exala em todo lugar a fragrância do seu conhecimento.
2Coríntios 2.14

Quando criança, eu amava abrir livros novos e cheirar as suas páginas. E ainda faço isso. Não foi o cheiro de um livro, porém, que me chamou a atenção durante uma recente visita a uma livraria. Enquanto a funcionária da livraria somava o valor total da minha compra, senti um aroma agradável de algo fresco e doce.

— Que perfume você está usando? — perguntei à funcionária.

— O meu favorito — ela respondeu. — Mandarin Lily.

Como gostei do cheiro, acabei comprando um frasco desse mesmo perfume para mim.

A Bíblia nos lembra de que quando andamos em estreito relacionamento com Cristo, nossa vida, nossas atitudes, nossas palavras e comportamentos irão lançar no ar a doce evidência de sua presença. Que tipo de aroma as pessoas que convivem conosco estão sentindo?

Deus,
Que a fragrância de sua presença possa ser refrescante àqueles que andam conosco. Amém.

26 de maio

"Ah, Senhor..."

"Ah, SENHOR", respondeu Gideão, "como posso libertar
Israel? Meu clã é o menos importante de Manassés, e
eu sou o menor da minha família". "Eu estarei com você",
respondeu o SENHOR, "e você derrotará todos os
midianitas como se fossem um só homem".
Juízes 6.15-16

Às vezes, nós imaginamos os personagens bíblicos como super-heróis que eram maiores do que a vida. A maioria deles tinha histórias surpreendentes; Moisés e o mar Vermelho, Gideão derrotando um exército de milhares de pessoas com apenas 300 homens, Pedro caminhando sobre as águas.

Mas não podemos esquecer que Moisés era um pastor, Gideão era um fazendeiro e Pedro era um pescador. Eles eram pessoas comuns, que Deus capacitou poderosamente para seus propósitos.

Se você sempre pensa: "Sou uma pessoa comum e não posso fazer muito para Deus", reflita melhor! Quando Deus nos dá uma tarefa, ele também nos dá a capacidade e a força para realizá-la.

Pai,
Que possamos ser fiéis ao Senhor, não importa quão comum seja a tarefa, lembrando que o Senhor realiza grandes coisas por meio de pessoas comuns. Amém.

27 de maio

Profundo e amplo

Possam, juntamente com todos os santos, compreender a largura, o comprimento, a altura e a profundidade, e conhecer o amor de Cristo que excede todo conhecimento, para que vocês sejam cheios de toda a plenitude de Deus.
Efésios 3.18-19

Permita-me escolher onde eu gostaria de passar as férias, e certamente escolheria um lugar próximo do oceano. Gosto de ver coisas acima da água, como ondas e golfinhos saltando. Também gosto de pensar sobre as coisas que vivem sob a água, como lulas e conchas. Além de tudo, há mais terra debaixo da água do que acima dela! Cobrindo cerca de 20% da superfície da terra, o oceano Atlântico é tão grande, que é difícil de ser compreendido.

Talvez por isso o oceano me faça lembrar do amor de Deus. Seu amor por nós é tão amplo, tão extenso, tão alto e tão profundo, que é grande demais para entendermos completamente. Esse pensamento sempre me ocorre quando me deparo com o oceano.

Pai,
Ansiamos sentir a profundidade e a largura do seu amor por nós.
Amém.

28 de maio

A direção certa

Quer a nuvem ficasse sobre o tabernáculo dois dias, quer um mês, quer mais tempo, os israelitas permaneciam no acampamento e não partiam; mas, quando ela se levantava, partiam.
Números 9.22

Para a jornada que Deus queria que a nação de Israel fizesse entre o monte Sinai e a terra de Canaã, ele preparou uma nuvem para guiá-los. Quando a nuvem se movia, as pessoas mudavam de lugar. Quando a nuvem parava, elas montavam acampamento. Mesmo que os israelitas se movessem nos momentos certos para os lugares certos, muitas vezes havia uma relativa quantidade de descontentamento e desobediência.

Às vezes, caímos na mesma armadilha. Pensamos mais sobre onde e quando vamos do que sobre como estamos agindo nesse processo.

Existe descontentamento ou desobediência em nosso coração? Antes de passar adiante, seria bom pedir ajuda a Deus para vivermos uma vida santa a partir de hoje.

Pai,
Às vezes, pensamos mais sobre a logística do que realmente devemos fazer para segui-lo. Por favor, perdoe-nos e ajude-nos a lhe agradar. Amém.

29 de maio

Torre sobre torres

Louvem todos o nome do SENHOR, pois somente o seu nome é exaltado; a sua majestade está acima da terra e dos céus.
Salmo 148.13

Se você ficar em pé no topo da Torre Eiffel, em Paris (300 metros), na Sears Tower, em Chicago (442 metros) ou nas Torres Petronas, na Malásia (452 metros), vai experimentar a maravilha de ver do alto a terra com suas paisagens de tirar o fôlego.

E se, ao contrário, você ficar na parte de baixo de uma dessas magníficas estruturas, olhando para cima, provavelmente ficará admirada.

Uma antiga torre foi projetada para fazer exatamente isso: a Torre de Babel. Mas Deus não estava satisfeito, porque seus arrogantes construtores haviam esquecido dele, buscando glória para si mesmos. Deus quer que nos lembremos de que somente ele é digno de nosso verdadeiro louvor. Construções humanas podem ser grandes e magníficas, mas a glória do Criador supera todas elas.

Senhor,
Por o Senhor ser maior do que a nossa imaginação, nós o louvamos. Ajude-nos a viver essa realidade no dia a dia. Amém.

Deus valoriza você

Até os cabelos da cabeça de vocês estão todos contados. Portanto, não tenham medo; vocês valem mais do que muitos pardais!
Mateus 10.30-31

Uma das perguntas que nós, seres humanos, ponderamos sempre é: "Quanto realmente sou valorizada por aqueles que vivem ao meu redor?" Se pensarmos relativamente à família, a amigos ou a colegas de trabalho, todas nós queremos nos sentir valorizadas. Se formos basear nosso valor apenas em como as pessoas nos tratam, qualquer bom tratamento faria nos sentirmos ótimas, mas um tratamento ruim nos deixaria com dúvidas ou insegurança. E essa seria uma maneira inquietante de se viver.

Como é gracioso da parte de Deus nos lembrar de que ele se importa tanto conosco a ponto de saber até mesmo a quantidade de fios de cabelo de nossa cabeça. Mesmo que tenhamos mais, ou menos, do que a média de cem mil fios de cabelo na nossa cabeça, ainda assim somos preciosas para Deus!

Deus,
Agradecemos pelos lembretes em sua Palavra mostrando que somos valiosas para o Senhor. Amém.

31 de maio

Junho

Refúgio forte

O SENHOR é bom, um refúgio em tempos de angústia.
Ele protege os que nele confiam.
Naum 1.7

Os problemas em nossa vida vêm de muitas formas diferentes. Seja por meio de ansiedade, angústia, dores ou estresse, o problema é uma questão de *quando*, e não de se. Quando estamos cansadas dos problemas, podemos questionar que, *se Deus realmente fosse bom, isso não estaria acontecendo.*

Nesses momentos, é bom refletirmos um pouco sobre a palavra "tempo", mencionada no versículo acima. Deus é bom, embora o problema venha. Deus é bom ao mesmo tempo em que o problema vem. Deus é bom, enquanto os problemas acontecem. Então, como podemos experimentar sua bondade em meio aos problemas? Confiando nele o tempo todo. Ele está perto daqueles que confiam nele. Sempre!

Pai,
Quando os problemas vierem, que possamos correr para o Senhor! Amém.

A inquietação do coração

*Assim saberemos que somos da verdade; e tranquilizaremos o
nosso coração diante dele quando o nosso coração nos condenar.
Porque Deus é maior do que o nosso coração e sabe todas as coisas.*
1João 3.19-20

"Tu nos fizeste para ti, Senhor, e o nosso coração está
inquieto até encontrar o descanso em ti." Essas são palavras de Agostinho de Hipona, que, em sua juventu-
de, havia mergulhado no prazer sensual de uma vida
que ele mesmo chamava de depravada. Sua autobio-
grafia espiritual, *Confissões*, escrita entre os séculos IV
e V d.C., fala de sua inquietação e do seu coração que
continuamente o "condenava". Mas Deus estava perseguindo Agostinho, e seu coração inquieto gradualmente o levou para o único que poderia prover repou-
so: Jesus Cristo.

Seja qual for a maneira por meio da qual o nosso coração reflita a inquietação que sente, temos a confiança
de que Deus é maior do que os nossos sentimentos.
Quando olhamos para ele em busca de redenção e ajuda, ele é fiel para nos oferecer sua paz e seu descanso.

Senhor,
Que eu possa me voltar para o Senhor como a fonte de descanso
e de paz para a minha vida. Amém.

Em seus braços

Como pastor ele cuida de seu rebanho, com o braço ajunta os
cordeiros e os carrega no colo; conduz com cuidado as ovelhas
que amamentam suas crias.
Isaías 40.11

A profissão de pastor é muito antiga. O seu papel é manter o rebanho em conjunto, protegê-lo de predadores e guiá-lo para novas pastagens, sempre que necessário. Além disso, o pastor acompanha o ordenhar das ovelhas, auxilia no parto e tosquia a lã.

Jesus chamou a si mesmo de o Bom Pastor, cumprindo a palavra do Antigo Testamento que dizia que Deus era o Pastor do seu povo.

Como ovelhas, temos uma necessidade inerente de segurança, cuidado e provisão. Mas o nosso Bom Pastor deseja algo para além das meras funções de pastoreio. Jesus anseia por relacionamento, para nos manter perto do seu coração, quando nos voltamos para ele.

Jesus,
Quando eu enfrentar as incertezas da vida, talvez me esqueça de que o Senhor está comigo, assim como um pastor acompanha as suas ovelhas. Ajude-me a descansar em seus braços de amor. Amém.

3 de junho

Quando estou com medo

Mas eu, quando estiver com medo, confiarei em ti. Em Deus, cuja palavra eu louvo, em Deus eu confio e não temerei. Que poderá fazer-me o simples mortal?

Salmo 56.3-4

Se você fosse fazer uma pesquisa com pessoas na esquina de uma grande cidade, perguntando: "O que você faz quando está com medo?", poderia ouvir respostas como "Me preocupo", "Durmo muito", "Faço compras" ou "Como compulsivamente".

O salmista Davi tinha a mais saudável das respostas. Ele dizia que, quando sentia medo, colocava sua confiança em Deus. Aprecio sua honestidade. Ele não disse: "Como confio em Deus, eu nunca tenho medo." Ele disse: "Quando estou com medo, coloco a minha confiança no Senhor." Sua confiança foi reforçada louvando a Deus por suas promessas. Pensar nas promessas de Deus lembrou Davi de que ninguém na terra jamais poderia lhe roubar a vida eterna, e isso é o maior antídoto contra o medo.

Pai,
Somos gratas porque o Senhor não nos deixou sozinhas para encarar os nossos medos. Que possamos sempre confiar em Deus. Amém.

4 de junho

Tire um cochilo

*Pois todo aquele que entra no descanso de Deus, também descansa
das suas obras, como Deus descansou das suas. Portanto,
esforcemo-nos por entrar nesse descanso, para que ninguém
venha a cair, seguindo aquele exemplo de desobediência.*
Hebreus 4.10-11

Meu marido é um daqueles que adora tirar uma rápida
soneca. Se ele tiver dez ou quinze minutos e um lugar
para se encostar, consegue dormir em poucos segundos. O descanso é fundamental para toda a criação.
Nós descansamos porque a vida concebida por Deus
era para ser assim. Após seis dias da criação, Deus abençoou o descanso. O descanso é tão importante para
Deus que, de Gênesis a Apocalipse, o Senhor diz a seu
povo que ele deve descansar um dia a cada sete, como
um princípio eterno.

Em nosso mundo agitado, somos tentadas a aceitar
cada vez mais e mais tarefas durante todos os dias da
nossa semana. Mas quando tiramos um tempo para seguir a ordem de Deus, também estamos lembrando o
nosso coração a respeito do descanso final que vamos
compartilhar para sempre com Deus, nosso Pai.

Deus Pai,
Dê-me sabedoria para planejar o descanso durante a minha semana, como o Senhor fez. Ajude-me a confiar que vou realizar tudo o
que preciso fazer nos outros seis dias. Amém.

5 de junho

Em suas mãos

*Pois o SENHOR é o grande Deus, o grande Rei acima de
todos os deuses. Nas suas mãos estão as profundezas da terra,
os cumes dos montes lhe pertencem. Dele também é o mar,
pois ele o fez; as suas mãos formaram a terra seca.*
Salmo 95.3-5

Recentemente, eu fiquei intrigada com uma manchete
que li em um jornal: "Vinte novas espécies marinhas
foram encontradas na Indonésia." A notícia ainda dizia que, antes de um levantamento realizado, entre
2001 e 2006, nos peixes que estavam nos mercados
locais da Indonésia, havia lacunas de conhecimento
sobre os tubarões e arraias da região.

Aparentemente, há mais tipos de tubarões e arraias
no oceano do que foram anteriormente catalogados.
Agora, os cientistas estão cientes de novas descobertas, como a arraia focinho-de-pá e o tubarão-gato de
Bali. Sorri quando li a matéria, me lembrando das palavras do Salmo 95: "Dele também é o mar" (v. 5). A
descoberta, que parecia nova para os cientistas, não
era nova para Deus.

Deus Pai,
Descansamos por saber que o Senhor tem o mundo inteiro em
suas mãos. Amém.

6 de junho

O calor que refina

Nisso vocês exultam, ainda que agora, por um pouco de tempo, devam ser entristecidos por todo tipo de provação. Assim acontece para que fique comprovado que a fé que vocês têm, muito mais valiosa do que o ouro que perece, mesmo que refinado pelo fogo, é genuína e resultará em louvor, glória e honra, quando Jesus Cristo for revelado.
1Pedro 1.6-7

Você está sentindo a pressão das lutas em sua vida e perguntando se algo de bom poderia vir delas? Ela dói. É uma sensação quase insuportável, e nosso primeiro instinto é fazer o que for preciso para nos vermos livres dela. Quando refletimos, tempos depois, sobre algum tempo doloroso de nossa história, achamos que a pressão foi produtiva de alguma forma, embora tenhamos de reconhecer que foi realmente difícil enfrentá-la.

Como o ouro é aquecido, fazendo com que as impurezas subam e se revelem no topo, onde podem ser retiradas, o calor e a pressão das lutas em nossa vida podem servir para nos aperfeiçoar e nos fortalecer. Quando confiamos em Deus no fogo da prova, crescemos ao compreender que, embora o calor possa provocar a dor, ele também faz com que as coisas brilhem.

Pai,
Que a garantia de alegria no futuro possa nos manter confiantes no Senhor. Amém.

7 de junho

Palavras de conforto

E disse ela: "Continue eu a ser bem acolhida, meu SENHOR!
O SENHOR me deu ânimo e encorajou sua serva –
e eu sequer sou como uma de suas servas!"
Rute 2.13

Rute, uma mulher que ficou viúva quando ainda era jovem, teria tido várias razões para se sentir desanimada. Viúva, mudou-se para um país diferente e sentia-se desamparada. Algumas mulheres em situação como a de Rute poderiam ter ficado em casa, chorando permanentemente. Presumo que ela tinha seus momentos de dor, mas resolveu não ficar paralisada por isso.

Uma lei do Antigo Testamento versava que, durante o tempo de colheita em Israel, os ceifeiros deixassem alguns grãos em seus campos para pessoas como Rute, que estavam necessitadas ou desamparadas.

Deus ofereceu conforto a Rute não apenas a ajudando a encontrar grãos, mas também por meio das palavras gentis do dono da colheita, Boaz. Na providência de Deus, Boaz acabou tornando-se o novo marido de Rute!

Pai,
Sabemos que só o Senhor pode oferecer perfeito conforto, mas gostaríamos de refletir seu conforto para aqueles que dele necessitam. Amém.

8 junho

Preocupação com outros

"Eu odeio e desprezo as suas festas religiosas; não suporto as suas assembleias solenes. (...) Afastem de mim o som das suas canções e a música das suas liras. Em vez disso, corra a retidão como um rio, a justiça como um ribeiro perene!"
Amós 5.21, 23-24

No Antigo Testamento, Deus pediu aos filhos de Israel que celebrassem certas festas e encontros. Então, por que ele reclamava sobre essas celebrações e hinos barulhentos? Ele se queixou porque algo tinha dado errado. As celebrações haviam se tornado falsas. No fundo, a principal motivação dos participantes estaria sendo apenas o egoísmo e a imoralidade.

Deus pretendia que seus filhos olhassem para as pessoas que não tinham dinheiro ou influência, mas seu povo estava olhando apenas para si mesmo. Hoje, podemos cair na mesma armadilha. Deus não quer uma aparência exterior da religião. Ele quer que vivamos com integridade e bondade, ajudando as pessoas que mais necessitam. Afinal de contas, é assim que ele nos trata.

Gracioso Deus,
Pedimos perdão pelas vezes que temos pensado somente em nós. Ajude-nos a olhar para os outros, assim como o Senhor olha para nós. Amém.

9 de junho

Reconciliadas

*Tudo isso provém de Deus, que nos reconciliou consigo
mesmo por meio de Cristo e nos deu o ministério da
reconciliação, ou seja, que Deus em Cristo estava reconciliando
consigo o mundo, não levando em conta os pecados dos
homens, e nos confiou a mensagem da reconciliação.*
2Coríntios 5.18-19

Para podermos desfrutar de um relacionamento com o justo e santo Deus, algo teve que acontecer. Antes de sermos capazes de viver um tipo diferente de vida, alguém teve que pagar a nossa conta e fazer as pazes em nosso nome. Caso contrário, continuaríamos tendo que suportar a desgraça e a desonra de nosso pecado.

No entanto, algo *aconteceu*. Quando Jesus morreu na cruz e tomou nossos pecados sobre si, ele mesmo fez o que era necessário para que nos tornássemos amigas de Deus, em vez de continuarmos sendo inimigas.

Quando, humildemente, aceitamos o enorme presente de Deus pela fé, ele transfere a justiça de Jesus para a nossa conta, e somos reconciliadas com ele. A reconciliação não é apenas um acerto de contas. A reconciliação é a oferta de uma vida de perdão e graça.

Pai,
Somos gratas porque a morte de Jesus nos tornou possível estar em paz com o Senhor. Amém.

Mais doce do que mel

Como são doces para o meu paladar as tuas palavras!
Mais do que o mel para a minha boca!
Salmo 119.103

Enquanto Benjamin Franklin, estadista norte-america-
no e inventor, estava servindo na corte francesa, ele
ouviu alguns personagens da nobreza francesa criti-
carem a Bíblia. Tendo sido ensinado desde a sua infância
que a Bíblia era uma literatura de excelência, Benjamin
decidiu pregar uma peça neles. À mão, ele escreveu o
livro de Rute, mudando cada nome próprio para um
nome francês. O Sr. Franklin passou a ler o livro com
suas revisões para os franceses aristocratas, que se
deleitavam ouvindo a história. Quando eles perguntaram onde Benjamin havia encontrado essa joia de
literatura, ele respondeu: "Ela vem daquele livro que
vocês desprezam: *La Sainte Bible!*"

Um pequeno livro de quatro capítulos que leva
apenas alguns minutos para ser lido, o livro de Rute
é uma doce representação da surpreendente graça
de Deus.

Bondoso Pai,
Queremos saborear a doçura da sua Palavra. Amém.

11 de junho

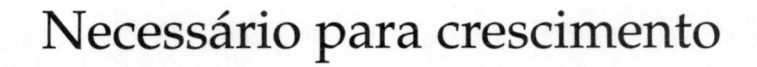

Necessário para crescimento

*Assim como a chuva e a neve descem dos céus e não voltam
para ele sem regarem a terra e fazerem-na brotar e florescer, para
ela produzir semente para o semeador e pão para o que
come, assim também ocorre com a palavra que sai da minha
boca: Ela não voltará para mim vazia, mas fará o que
desejo e atingirá o propósito para o qual a enviei.*
Isaías 55.10-11

As flores no meu quintal pareciam bastante danificadas e precisavam de água. "Vou regá-las amanhã", pensei. Quão gratificante foi acordar na manhã seguinte e ouvir o som da chuva caindo. Algumas pessoas no mundo cumprimentam a chuva com uma euforia enorme. Em Botswana, África, a palavra para chuva é a mesma utilizada para se referir à sua moeda nacional: "Pula". Essa nação reconhece quão importante é a chuva para a sua economia. Para eles, chuva e dinheiro são, de alguma forma, muito parecidos.

Não é curioso que o profeta Isaías tenha comparado a Palavra de Deus com a chuva também? Deus envia a sua Palavra, e ela sempre produz frutos. Assim como a chuva é importante para a economia de Botswana, a Palavra de Deus é necessária para o crescimento de nosso coração.

Deus,
Precisamos da sua Palavra, tanto quanto o solo precisa de chuva.
Amém.

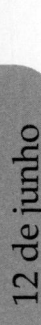

12 de junho

Se foi para sempre

"Ele enxugará dos seus olhos toda lágrima. Não haverá
mais morte, nem tristeza, nem choro, nem dor,
pois a antiga ordem já passou".
Apocalipse 21.4

Quando eu era criança, sempre quis saber como seria ser um adulto. Também havia coisas que eu esperava não ter mais que fazer, como andar no banco traseiro do carro, comer ervilhas ou fazer aquelas difíceis provas de matemática. Agora que sou uma adulta, estou aliviada, porque já não tenho que lidar com essas coisas.

Ainda há coisas das quais desejo ser livre. Coisas como lágrimas, tristeza, lamento, dor e morte. Desejo ver o momento em que tudo isso desaparecerá para sempre. Como esse dia será bem-vindo! E, quem sabe, já que terei um novo corpo no céu, talvez eu até passe a gostar de comer ervilhas!

Pai,
Estamos felizes e agradecidas por saber que no céu algumas coisas terão desaparecido para sempre. Amém.

13 de junho

Significado e propósito

*"Que grande inutilidade!", diz o Mestre. "Que grande
inutilidade! Nada faz sentido!" O que o homem ganha com todo o
seu trabalho em que tanto se esforça debaixo do sol? Gerações vêm
e gerações vão, mas a terra permanece para sempre.*

Eclesiastes 1.2-4

Essas palavras nos soam sombrias, mas às vezes elas
parecem retratar a verdade, de fato. Com o sol nascen-
do e se pondo dia após dia, às vezes me pergunto para
onde toda essa atividade conduz.

"O Mestre" estava mais atento do que muitas de
nós. Em sua sabedoria, ele podia ver o enfado desespe-
rado das gerações. Cerca de mil anos depois, o maior
Mestre, Jesus Cristo, forneceu um contraponto às ob-
servações do seu antecessor. Ele disse: "Eu vim para
que tenham vida, e a tenham em plenitude." Sua sabedoria e seu conhecimento são completos, e ele deseja
trazer significado e propósito para nossa vida.

Senhor,
Ajude-me a não ser oprimida por meus deveres nem vazia em
meus pensamentos. Por favor, encha-me com a alegria e o significado que só a sua presença e seu propósito podem trazer para
minha vida. Amém.

14 de junho

Progredir e ter êxito

Não deixe de falar as palavras deste Livro da Lei e de meditar nelas de dia e de noite, para que você cumpra fielmente tudo o que nele está escrito. Só então os seus caminhos prosperarão e você será bem-sucedido.

Josué 1.8

Se você quer que sua vida possa realizar algo, ou se você gostaria de prosperar, considere as palavras de Deus a Josué. Desde o começo de sua experiência como líder, Deus estabeleceu um plano para Josué. Para que ele pudesse ser bem-sucedido em sua vida, precisaria (1) estudar a Palavra de Deus e (2) meditar constantemente nela, dia e noite.

O plano de Deus para Josué é um bom plano para nós também. Ler a Palavra de Deus no início da manhã nos ajuda a nos preparar para todo o dia. Ler durante a noite nos auxilia a colocar o dia na perspectiva adequada. Dia a dia, precisamos ler a Palavra de Deus e refletir profundamente sobre ela. Essa é a chave para uma vida verdadeiramente próspera!

Deus,
Sua Palavra é rica. Que possamos passar tempo meditando nela muitas vezes. Amém.

15 de junho

Deus no trabalho

*Pois é Deus quem efetua em vocês tanto o querer quanto
o realizar, de acordo com a boa vontade dele.*
Filipenses 2.13

Você, às vezes, se sente desencorajada porque gostaria
de agradar a Deus, mas, de alguma forma, os seus melhores esforços parecem sempre ser sabotados? Quando nos sentimos dessa forma, é útil nos lembrarmos de
nossa fonte de energia. Se começamos com os nossos
próprios esforços e continuamos a trabalhar cada vez
mais... possivelmente vamos ficar, mais cedo ou mais
tarde, sem energia.

Deus nos deu uma melhor maneira de abordar a
vida. Quando confiamos em Cristo, o Espírito de Deus
habita em nosso coração. Juntamente com sua presença, ele traz sua energia para trabalhar em nosso coração, dando-nos tanto o desejo quanto a capacidade de
agradar a Deus. Reconhecer o poder de Deus, subme-
ter-se a ele e andar em seu caminho nos fará experimentar esse poder em nós.

Pai,
Somos gratas porque o Senhor fornece tanto o desejo quanto o
poder para lhe agradarmos. Amém.

16 de junho

Manhã, tarde e noite

Eu, porém, clamo a Deus, e o SENHOR me salvará. À tarde, pela manhã e ao meio-dia choro angustiado, e ele ouve a minha voz.
Salmo 55.16-17

Existem muitos tipos de dor no mundo. Uma das piores é a dor de ser enganada ou traída por alguém que nos é próximo. Os sentimentos de tristeza e de raiva podem ser tão intensos que, no início, é difícil ficar mesmo que seja por dez minutos sem sentir dor.

Davi, o salmista, sabia o que significava isso. É útil, e até mesmo encorajador, ler o que ele escreveu, porque seus sentimentos muitas vezes parecem validar o nosso. Davi disse que seu coração batia forte, seu corpo tremia, e ele desejou que pudesse voar para longe. Em seu momento mais difícil, ele até desejava coisas ruins para seu inimigo. Mas onde Davi descansava? Ele tinha a confiança de que Deus iria ouvi-lo, e clamou pela ajuda divina de manhã, de tarde e de noite. E nós podemos fazer isso também.

Pai,
Somos gratas porque podemos clamar a Deus. Obrigada por nos ouvir e nos ajudar. Amém.

17 de junho

Piedade e contentamento

*De fato, a piedade com contentamento é grande fonte de lucro,
pois nada trouxemos para este mundo e dele nada podemos levar;
por isso, tendo o que comer e com que vestir-nos, estejamos com
isso satisfeitos.*
1Timóteo 6.6-8

Nesses poucos versículos, Paulo ensinou a Timóteo como alcançar uma vida rica e plena: prosseguir firme na busca da piedade e do contentamento. Uma pessoa piedosa vive uma vida santa, que honra a Deus mediante o poder do Espírito de Deus. E uma pessoa grata, satisfeita, pacífica e plena é tranquila. Paulo também ensinou a Timóteo que ele nunca deveria procurar ter uma vida rica e plena, que se preocupasse apenas em buscar coisas materiais.

Um dos meus pastores favoritos, Kent Hughes, perguntou certa vez: "Você já viu um carro funerário puxando um trailer para uma família em viagem?" Podemos acumular riquezas enquanto vivemos, mas, quando partirmos, levaremos conosco apenas a riqueza de nossa alma. Por isso, há uma grande riqueza na piedade e no contentamento.

Pai,
Por favor, ajude-nos para que procuremos sempre buscar as coisas certas. Amém.

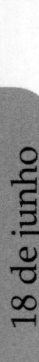

18 de junho

Cedros do Líbano

"Pretendo, por isso, construir um templo em honra do nome do SENHOR, do meu Deus, conforme o SENHOR disse a meu pai Davi: 'O seu filho, a quem colocarei no trono em seu lugar, construirá o templo em honra do meu nome'." "Agora te peço que ordenes que cortem para mim cedros do Líbano. Os meus servos trabalharão com os teus, e eu pagarei a teus servos o salário que determinares. Sabes que não há entre nós ninguém tão hábil em cortar árvores quanto os sidônios".

1Reis 5.5-6

Os cedros do Líbano são particularmente significativos na cultura do Oriente Médio. Os egípcios, assírios e babilônios exploraram essa madeira, que foi valorizada pelo seu comprimento, força e fragrância. Salomão pediu aos seus servos que cortassem cedro do Líbano para que ele pudesse usá-lo na construção do Templo de Deus.

Nabucodonosor, rei da Babilônia, vangloriou-se em uma inscrição dizendo: "Eu trouxe para a construção poderosos cedros, que cortei com as minhas próprias mãos no monte Líbano." Tanto Salomão quanto Nabucodonosor reconheciam os recursos do cedro, mas Salomão usou a madeira para construir o Templo de Deus, enquanto Nabucodonosor foi quem o destruiu.

Deus nos quer honrando-o com as coisas que ele criou. Estamos fazendo isso?

Senhor,
Ajude-me a honrar o seu nome com os recursos que o Senhor tem fornecido a mim. Amém.

19 de junho

À margem

Nisso uma mulher que havia doze anos vinha sofrendo de uma hemorragia, chegou por trás dele e tocou na borda do seu manto, pois dizia a si mesma: "Se eu tão somente tocar em seu manto, ficarei curada". Voltando-se, Jesus a viu e disse: "Ânimo, filha, a sua fé a curou!" E desde aquele instante a mulher ficou curada.

Mateus 9.20-22

Uma mulher doente que tinha vivido durante doze anos à margem da sociedade, de repente, se tornou o foco das atenções de Jesus. E, provavelmente, isso foi uma enorme surpresa para ela. Esperando não ser notada no meio da multidão, a mulher veio por trás de Jesus e o alcançou tocando na orla do seu manto. Tenho certeza de que ela não esperava o que aconteceu depois. Jesus voltou-se para trás, olhou em seus olhos, falou com ela, em seguida a curou e a encorajou. Ele fez tudo de que necessitava uma mulher que, pelos padrões daquela sociedade, era tida como ninguém.

Você já se sentiu como se estivesse vivendo à margem e ninguém se importasse com isso? Lembre-se de que Jesus se preocupa com todos.

Pai,
Somos gratas, pois, por sua causa, não estamos à margem. Por favor, ajude-nos a tratar os outros da mesma maneira. Amém.

20 de junho

Cura e esperança

O SENHOR disse a Moisés: "Faça uma serpente e coloque-a no alto de um poste; quem for mordido e olhar para ela viverá".
Números 21.8

"Da mesma forma como Moisés levantou a serpente no deserto, assim também é necessário que o Filho do homem seja levantado, para que todo o que nele crer tenha a vida eterna".
João 3.14-15

A cena de uma cobra enrolada em torno de uma vara é uma imagem de horror e de esperança ao mesmo tempo. Horror, porque depois que os filhos de Israel se queixaram no deserto, eles foram picados por serpentes venenosas e ficaram prestes a morrer. Esperança, porque Moisés colocou uma cobra simbólica em uma vara e disse ao povo que qualquer um que olhasse para aquela cobra viveria.

A serpente simboliza o nosso pecado, já que foi uma serpente que tentou Adão e Eva, trazendo o pecado para o nosso mundo. A vara simboliza a cruz, na qual Jesus levou nossos pecados sobre si, a fim de nos salvar do pecado e da morte. E a simples fé em Jesus Cristo traz cura e esperança para sempre.

Pai,
Obrigada por nos trazer cura e esperança por intermédio de Jesus.
Amém.

21 de junho

Um prêmio à frente

Combati o bom combate, terminei a corrida, guardei a fé.
Agora me está reservada a coroa da justiça, que o Senhor,
justo Juiz, me dará naquele dia; e não somente a mim,
mas também a todos os que amam a sua vinda.
2Timóteo 4.7-8

Que tipos de prêmios você já recebeu durante sua vida? Doces, que os ganhou num bingo? Uma semana de viagem no verão por memorizar um capítulo da Bíblia? Um cheque de bônus por algo extra que fez na sua profissão? Todas nós gostaríamos de ser recompensadas por um trabalho benfeito. Gostamos da ideia de um prêmio que esteja sempre nos esperando como recompensa por nossas realizações.

No entanto, na agitação da nossa vida ocupada, às vezes nos esquecemos da magnitude do dom da vida eterna que está a nossa espera no céu. Doce derrete na boca. Uma viagem de verão chega ao fim. Um bônus financeiro é gasto na compra de coisas que passam. Mas o prêmio da vida eterna nunca acaba.

Pai,
Que possamos permanecer fiéis ao Senhor até o dia de o vermos face a face. Amém.

22 de junho

Verdadeiro e justo

*Deus justo, que sondas as mentes e os corações, dá fim à
maldade dos ímpios e ao justo dá segurança. O meu escudo
está nas mãos de Deus, que salva o reto de coração.*
Salmo 7.9-10

Por mais de uma vez, eu perdi um canivete ao passar
na área de segurança do aeroporto. É fácil esquecer
um canivete guardado em uma bolsa ou em um bolso,
mas as máquinas de escaneamento digital são rápidas
e preparadas para encontrar tais coisas.

Da mesma forma que pequenas coisas são escondidas em uma bolsa ou em uma sacola, nossa mente
e nosso coração contêm pensamentos, palavras e atitudes que também estão fora da vista de muitos. Mas,
apesar de tudo, elas não estão escondidas de Deus.
Essa realidade pode ser ao mesmo tempo assustadora
e consoladora. Assustadora, se estamos tentando esconder algo; e consoladora, se sentimos saudade da ajuda de
Deus.

Quando desejamos corações verdadeiros e justos,
não precisamos temer a presença de Deus. Nós o buscamos para ser o Deus que nos salva, que nos protege
e nos defende.

Pai,
Ansiamos por corações que sejam verdadeiros e dependentes do
Senhor. Amém.

23 de junho

Taças de oração

Ao recebê-lo, os quatro seres viventes e os vinte e quatro anciãos prostraram-se diante do Cordeiro. Cada um deles tinha uma harpa e taças de ouro cheias de incenso, que são as orações dos santos.

Apocalipse 5.8

Alguma vez você participou de um concurso e pensou: "Bem, eu preenchi a ficha de inscrição, fiz as provas, mas essa foi a última vez, nunca mais vou fazer isso! Certamente não vou ter nenhum resultado positivo." Mesmo que milhares de pessoas possam participar de um concurso, a única coisa que realmente importa é quem, no fim, é aprovado.

Você já orou a Deus e se questionou se suas orações conseguiram passar do teto e foram ouvidas? De acordo com Apocalipse 5.8, elas passam. Nesse texto, aprendemos que as orações do povo de Deus são como o incenso coletado em taças de ouro. E nossas orações não são apenas ouvidas por Deus, mas também recebidas. As orações do povo de Deus fazem a diferença!

Pai,
Obrigada por nossas orações não serem esquecidas nem deixadas de lado, porque elas são importantes para o Senhor. Amém.

24 de junho

Tesouros escondidos

*Se der ouvidos à sabedoria e inclinar o coração para o
discernimento; se clamar por entendimento e por
discernimento gritar bem alto, se procurar a sabedoria como
se procura a prata e buscá-la como quem busca um tesouro
escondido, então você entenderá o que é temer ao
SENHOR e achará o conhecimento de Deus.*
Provérbios 2.2-5

Já que a Bíblia nos incentiva a procurar a sabedoria e
o entendimento como quem procura prata, a pergunta
que me vem à mente é: "Como podemos procurar prata?"
Se formos direto à fonte, podemos visitar minas de
prata na Austrália, no Canadá, no México, na América
do Sul ou no estado de Nevada, Estados Unidos.
Nessas localidades, encontraríamos a prata que é usada em vários lugares do mundo para cunhar moedas,
fazer joias, revelar fotografias e fabricar instrumentos
musicais, entre outras coisas.

Felizmente, a busca por sabedoria e entendimento
não requer de nós viagens caras para outros países.
Como qualquer coisa de valor, isso requer tempo e esforço. Devemos começar a procurá-lo na Bíblia.

Pai,
À medida que nos aproximamos de sua Palavra, temos o privilégio
de conhecê-lo melhor. Amém.

Uma dose de ânimo

*O coração bem disposto é remédio eficiente, mas o
espírito oprimido resseca os ossos.*
Provérbios 17.22

Seja sob a forma de um antibiótico, anestésico ou antisséptico, um medicamento ajuda a aliviar, curar ou prevenir algumas das nossas doenças. Porém, fazer uso deles pode ser caro. Alguns dos comprimidos e remédios disponíveis no mercado custam hoje tanto dinheiro quanto alimentar uma família por um mês inteiro.

Como é confortante saber que um coração alegre, que não custa dinheiro, é considerado um bom remédio! Então, o que podemos fazer para adquirir um coração alegre? O Salmo 94.18-19 nos aponta para a direção certa: "Quando eu disse: Os meus pés escorregaram, o teu amor leal, SENHOR, me amparou! Quando a ansiedade já me dominava no íntimo, o teu consolo trouxe alívio à minha alma." Por meio da Palavra de Deus e do Espírito Santo, podemos receber o conforto que produz ânimo. Peça a Deus que lhe dê hoje uma grande dose de ânimo.

Pai,
Por favor, coloque em nosso coração duvidoso o seu amor, o seu conforto e o seu ânimo. Amém.

26 de junho

Mudança de planos

Por dois anos inteiros Paulo permaneceu na casa que havia alugado, e recebia a todos os que iam vê-lo. Pregava o Reino de Deus e ensinava a respeito do Senhor Jesus Cristo, abertamente, sem impedimento algum.
Atos 28.30-31

Durante dois anos de prisão domiciliar em Roma, o apóstolo Paulo ficou confinado, mas não confuso. Se isso tivesse acontecido comigo, eu poderia ter me sentido desorientada e perturbada, pensando: "Deus, não pensei que as coisas fossem acontecer dessa forma. Eu estava ansiosa para viajar pelo mundo servindo-o, e aqui estou eu, presa em uma casa há quase dois anos!"

Como Paulo lidava com essa mudança de planos? Não com confusão, raiva ou autopiedade. Em vez disso, ele escolheu ser hospitaleiro com quem o visitava, falando sobre o Reino de Deus e ensinando sobre Jesus. Claro que mudanças de planos como essas podem ser desanimadoras, mas também podem trazer oportunidades para mostrar a verdade, a graça e o poder de Deus.

Pai,
Quando somos confrontadas por mudanças e desvios em nosso caminho, por favor, ajude-nos a confiar que o Senhor continua trabalhando para cumprir os seus planos, que sempre são bons e perfeitos. Amém.

Confiança duradoura

O SENHOR, porém, me disse: "Não diga que é muito jovem. A todos a quem eu o enviar você irá e dirá tudo o que eu lhe ordenar. Não tenha medo deles, pois eu estou com você para protegê-lo", diz o SENHOR.
Jeremias 1.7-8

Esse é o destino de todo o que se esquece de Deus; assim perece a esperança dos ímpios. Aquilo em que ele confia é frágil, aquilo em que se apoia é uma teia de aranha.
Jó 8.13-14

Intrigante, complexa e trabalhosa, uma teia de aranha não é permanente. Fabricada com a seda por um aracnídeo de oito pernas, uma teia é, muitas vezes, desfeita e reconstruída por uma aranha diligente todas as manhãs!

A Bíblia compara a natureza transitória de uma teia de aranha com a esperança dos ímpios, dizendo que sua confiança se sustenta apenas por um fio. Um quadro mais promissor é pintado para a pessoa que coloca a sua esperança em Deus. Ela não apenas será abençoada, mas também é comparada a uma árvore saudável, firme e frutífera, plantada ao longo da margem de um rio. Quando colocamos nossa esperança em Deus, experimentamos as bênçãos duradouras da confiança e da segurança.

Pai,
Somos gratas porque confiar no Senhor traz uma esperança duradoura. Amém.

28 de junho

Tempo com Jesus

Quando entraram no barco, o vento cessou.
Então os que estavam no barco o adoraram, dizendo:
"Verdadeiramente tu és o Filho de Deus".
Mateus 14.32-33

A primeira vez que Jesus acalmou uma tempestade, os discípulos reagiram com a seguinte pergunta: "Quem é este homem que até mesmo os ventos e mar lhe obedecem?" (Mateus 8.23-27). A segunda vez que os discípulos observaram Jesus acalmando uma tempestade, a sua fé já parecia ter crescido. A Bíblia registra que eles adoraram a Jesus e exclamaram: "Você realmente é o Filho de Deus!"

Quanto mais tempo os discípulos passaram com Jesus – particularmente os tempos difíceis –, mais eles entendiam quem de fato ele era. Isso não é verdade para todas nós? É durante os momentos mais tempestuosos da vida, quando tudo o que poderia nos ajudar, de alguma forma, parece ser retirado de nós, que muitas vezes descobrimos quem é Deus, quão poderoso ele é e o quanto se importa conosco.

Pai,
Somos gratas por confiar na sua Palavra, que demonstra o quanto o Senhor se importa conosco. Amém.

29 de junho

O jardim do Rei

Ora, o SENHOR Deus tinha plantado um jardim no Éden, para os lados do leste; e ali colocou o homem que formara. O SENHOR Deus fez nascer então do solo todo tipo de árvores agradáveis aos olhos e boas para alimento. E no meio do jardim estavam a árvore da vida e a árvore do conhecimento do bem e do mal. (...) E Deus viu tudo o que havia feito, e tudo havia ficado muito bom. Passaram-se a tarde e a manhã; esse foi o sexto dia.

Gênesis 2.8-9, 1.31

Se você, um dia, puder ir a Londres, considere a possibilidade de visitar o Regent's Park. O parque é o lar de uma das mais belas coleções de rosas da Inglaterra: o jardim Queen Mary. Passar pelo jardim em um dia de sol brilhante é uma experiência simplesmente fascinante. Que criatividade os paisagistas desse lugar tiveram quando planejaram as cores, a variedade e todo o conceito desse jardim!

A beleza desse jardim aponta para a beleza do jardim original do Rei dos reis, que era o Éden. Que lugar espetacular ele deve ter sido! Toda a beleza do mundo nos lembra da criatividade infinita de nosso Rei Criador, o Senhor Deus. Isso não passa de uma mera sombra de seu extravagante esplendor. Como é bom pensar que ele compartilha toda essa beleza com a gente!

Deus,
O Senhor fez todas as coisas para trazer honra para si mesmo. Dê-me olhos para contemplar a sua beleza que se manifesta em sua criação. Amém.

30 de junho

Julho

Nova motivação

*E, porque vocês são filhos, Deus enviou o Espírito de seu
Filho ao coração de vocês, e ele clama: "Aba, Pai". Assim,
você já não é mais escravo, mas filho; e, por ser filho,
Deus também o tornou herdeiro.*

Gálatas 4.6-7

Enquanto limpava o sótão da casa em um dia de verão, um corredor de Cross country de 14 anos de idade encontrou uma caixa de medalhas que seu pai havia ganhado quando corria na Universidade.

Até aquele momento, o menino ainda não sabia que seu pai havia sido um campeão das corridas. Mas aquilo que importava para o pai no passado agora importava também para o filho. De uma forma curiosa, o menino ganhou nova motivação para seus treinos como piloto. Quando nos tornamos filhos de Deus mediante a fé em Cristo, ganhamos um tipo similar de motivação. Encontramos nova dignidade com base no que a morte e a ressurreição de Jesus realizaram por nós. E começamos a ter novos desejos. As coisas que são importantes para Deus agora são importantes para nós também.

Pai,
Obrigada pela segurança e confiança que ganhamos ao nos tornarmos suas filhas. Amém.

1º de julho

Notícias esperançosas

Todos nós, tal qual ovelhas, nos desviamos, cada um de nós se voltou para o seu próprio caminho; e o SENHOR fez cair sobre ele a iniquidade de todos nós.

Isaías 53.6

Em 1976, Thomas Harris escreveu um livro que dizia: "Eu estou OK, você está OK." Em 700 a.C., o profeta Isaías escreveu um livro proclamando a seguinte mensagem: "Eu sou uma pessoa necessitada, você é uma pessoa necessitada."

A dura realidade é que somos todas necessitadas, um bando de pecadoras, e é por isso que precisamos de um Salvador. Ao contrário do que algumas pessoas pensam, isso não é uma notícia que nos abale a esperança. Essa é uma notícia esperançosa. Temos um problema com o pecado, e Jesus, o Filho de Deus sem pecado, é o único que pode nos ajudar.

Ele morreu na cruz por nossos pecados, possibilitando-nos alcançar o perdão e tornando-nos herdeiras da justiça e do Espírito de Deus. Jesus foi ferido para que pudéssemos ser curadas.

Pai,
Somos gratas porque o Senhor proveu uma maneira para que os nossos pecados fossem perdoados. Obrigada por enviar Jesus como o nosso Salvador. Amém.

2 de julho

Tudo de que precisamos

Portanto, não se preocupem, dizendo: "Que vamos comer?" ou "Que vamos beber?" ou "Que vamos vestir?" Pois os pagãos é que correm atrás dessas coisas; mas o Pai celestial sabe que vocês precisam delas. Busquem, pois, em primeiro lugar o Reino de Deus e a sua justiça, e todas essas coisas serão acrescentadas a vocês.

Mateus 6.31-33

Não é difícil preocupações e ansiedades ocuparem todo o nosso pensamento. Às vezes, sentimo-nos sobrecarregadas com perguntas, como: "Será que vai haver dinheiro suficiente para pagar a faculdade de nossos filhos?", ou: "Como pagaremos a prestação da casa neste mês?" A Bíblia nos lembra de que, se deixarmos esses pensamentos controlarem a nossa mente, estamos agindo exatamente como as pessoas que não acreditam em Deus.

Não devemos ignorar esses tipos de preocupações, e é correto planejar com antecedência e assumir nossas responsabilidades de uma maneira saudável. Mas, uma vez que Deus já conhece todas as nossas necessidades, é sábio confiarmos nele em vez de sermos consumidas por nossas necessidades. Podemos buscar o Senhor e obedecer-lhe, pois ele é o provedor fiel de cada uma das nossas reais necessidades.

Pai celestial,
Somos gratas porque o Senhor conhece e supre todas as nossas necessidades. Amém.

A chave para a vida

Hoje invoco os céus e a terra como testemunhas contra vocês,
de que coloquei diante de vocês a vida e a morte, a bênção e a
maldição. Agora escolham a vida, para que vocês e os seus filhos
vivam, e para que vocês amem o SENHOR, o seu Deus, ouçam a
sua voz e se apeguem firmemente a ele. Pois o SENHOR é a sua
vida, e ele dará a vocês muitos anos na terra que jurou dar
aos seus antepassados, Abraão, Isaque e Jacó.
Deuteronômio 30.19-20

Um consultor financeiro diz que a chave para alcançarmos uma aposentadoria tranquila é começar cedo um plano de economia e investimentos. Um professor de educação física diz que a chave para perder peso é comer menos e se exercitar mais.

Nós buscamos essas dicas e orientações porque queremos conhecer a solução para um problema ou os meios para realizar algum objetivo. Moisés, que registrou as Palavras de Deus sob a influência do Espírito Santo, deixou-nos o segredo para experimentarmos a vida, não a morte, bênçãos, e não maldições. Amar a Deus, obedecer a Deus e ter compromisso com Deus.

Quando nós o amamos, obedecemos-lhe e nos comprometemos com ele, podemos experimentar uma vida satisfatória. Essa é a chave para uma vida plena.

Deus,
Obrigada por nos abençoar com o discernimento para fazer sábias escolhas. Amém.

Aprendendo e crescendo

E se revestiram do novo, o qual está sendo renovado
em conhecimento, à imagem do seu Criador.
Colossenses 3.10

Meu marido acabou de comprar um novo *smartphone* para mim. O aparelho tem muitas características e recursos que parecem ser muito interessantes, mas apenas se eu estiver disposta a investir tempo para aprender todos eles.

Crescer em Cristo é assim. Quando colocamos nossa fé em Jesus, Deus nos dá uma nova natureza. A fim de nos familiarizarmos com essa nova natureza, precisamos investir tempo para aprender mais sobre Cristo. Nós podemos fazer isso lendo a Bíblia, orando e nos engajando em uma comunidade cristã.

Crescer em nossa nova natureza é um processo contínuo que acontece ao longo da vida de aprendizagem, crescimento e renovação. Uma vida plena está disponível para cada uma de nós, se estivermos dispostas a gastar tempo para conhecer melhor a Cristo.

Pai,
Obrigada porque o caminho para crescer em Cristo não está oculto.
Obrigada por sua Palavra e por seu Espírito que nos ajuda. Amém.

5 de julho

Um momento como este

*Pois, se você ficar calada nesta hora, socorro e livramento
surgirão de outra parte para os judeus, mas você e a família
de seu pai morrerão. Quem sabe se não foi para um momento
como este que você chegou à posição de rainha?*
Ester 4.14

A procura por uma nova rainha para o rei Xerxes... a escolha da bela e jovem Ester... o servo Hamã tenta matar o primo de Ester, Mardoqueu... Ester corajosamente pede ajuda ao rei... o rei fica sem dormir durante a noite... o rei honra Mardoqueu... Ester revela o enredo perverso de Hamã... Hamã é condenado à morte... o rei nomeia Mardoqueu para uma posição no governo... Deus preserva o povo judeu. O livro de Ester apresenta a soberania e a intervenção de Deus em vidas humanas. Deus colocou Ester em uma posição na qual a sua vida fez uma incrível diferença, salvando uma nação inteira.

Enquanto você ora por coragem e fé para atuar no mundo que a cerca, como Deus poderia usá-la para fazer diferença para o seu Reino?

Pai,
Assim como Ester, que não escolhamos ficar em silêncio quando podemos falar a sua verdade. Amém.

Antes das Montanhas Rochosas

*SENHOR, tu és o nosso refúgio, sempre, de geração
em geração. Antes de nascerem os montes e de criares a terra
e o mundo, de eternidade a eternidade tu és Deus.*

Salmo 90.1-2

Situado no coração de Colorado, o Rocky Mountain National Park é um dos grandes tesouros naturais dos Estados Unidos. Com picos que se elevam a mais de quatro mil metros, o parque conta com mais de 700 quilômetros de córregos e riachos, 150 lagos e uma abundância enorme de vida selvagem.

A idade geológica do parque é um assunto debatido por cientistas, mas Deus conhece a história completa dessa maravilha. Em seu poder criativo, só ele poderia ter concebido tal beleza espetacular e tamanha diversidade, que nos foram dadas para aproveitarmos e, ao mesmo tempo, como uma indicação de sua existência e poder.

Antes do nascimento dessas montanhas, Deus existia. Ele é o Deus eterno do começo ao fim.

Senhor Deus,
Obrigada por criar um mundo tão magnífico! Agradecemos ao Senhor por ser o nosso Deus pessoal e por ter se tornado nossa própria casa pela fé em Jesus. Amém.

7 de julho

Ele cura com ternura

*Um leproso aproximou-se dele e suplicou-lhe de joelhos:
"Se quiseres, podes purificar-me!" Cheio de compaixão, Jesus
estendeu a mão, tocou nele e disse: "Quero. Seja purificado!"
Imediatamente a lepra o deixou, e ele foi purificado.*
Marcos 1.40-42

A lepra desfigurou pessoas enquanto se espalhava, e, como resultado disso, leprosos foram banidos de suas famílias, de seus amigos e de suas comunidades. O pecado nos afeta da mesma maneira. Ele se espalha facilmente, deforma nossa vida e nos isola uns dos outros.

A bela história de como Jesus curou um leproso é um lindo retrato da maneira compassiva como ele nos cura. Quando o leproso se ajoelhou diante de Jesus, o Senhor, movido por compaixão, tocou nele e o curou. Jesus não apenas falou. Ele fez alguma coisa!

Nós nos achegamos a Deus pedindo a sua ajuda. Ele se importa e estende a mão, oferecendo-nos o perdão e a cura. Só Deus pode lidar conosco de forma tão poderosa e com tanta ternura.

Pai,
Obrigada por podermos confiar que o Senhor lida conosco de maneira sempre gentil. Amém.

8 de julho

Nosso escudo

Protege-me, ó Deus, pois em ti me refugio.
Salmo 16.1

Sanduíches, refrigerantes, jogos e prêmios. Os piqueniques da igreja foram uma parte preciosa da minha infância. O piquenique mais memorável para mim, no entanto, foi no ano em que enfrentamos uma grande tempestade.

Quando a tempestade ameaçou estragar a nossa diversão, todas as pessoas correram para debaixo do telhado de um grande abrigo de pedra. Lá, ficamos protegidos contra os raios e a chuva. Seguros e protegidos, rimos e conversamos até que a chuva passou.

Essa imagem da minha infância, de um abrigo que me ofereceu segurança durante uma forte e assustadora tempestade, não é diferente da segurança e do refúgio que um relacionamento com Deus oferece. Durante as tempestades que ameaçam a paz de nossa mente e de nosso coração, Deus está lá, esperando-nos para corrermos em direção a ele. O Senhor deseja ser nosso abrigo seguro e nosso refúgio.

Pai,
Nosso coração anseia por segurança, mas, às vezes, olhamos para lugares errados. Ajude-nos a corrermos sempre para o Senhor. Amém.

9 de julho

O nascimento dos fusos horários

*Deus os colocou no firmamento do céu para
iluminar a terra, governar o dia e a noite, e separar
a luz das trevas. E Deus viu que ficou bom.*
Gênesis 1.17-18

Em 1884, delegados de 25 países reuniram-se em Washington, D.C. para tentar chegar a um acordo sobre uma norma internacional para a medição de tempo. Eles dividiram a terra em 24 fusos horários, começando no Meridiano de Greenwich, que atravessa o Observatório Real de Greenwich, na cidade de Greenwich, Inglaterra.

Desde então, as nações que concordaram com essa norma apenas foram reconhecendo e organizando diante do mundo o que Deus já havia criado muito antes de o tempo existir como é hoje. Deus, que nunca dorme, observa todo o mundo 24 horas por dia e 7 dias por semana, não importa o fuso horário em que estamos.

Ele organizou as "luzes" no céu, o sol, a lua e as estrelas, e nos deu tudo isso para separar o dia da noite. E isso tudo permanece como a evidência do seu grande poder e sua inigualável sabedoria.

Senhor,
Que todas as vezes que olharmos para o céu e virmos o sol e a lua, nós possamos nos lembrar de sua soberana sabedoria e criatividade, evidenciadas ao longo de todo o universo. Amém.

10 de julho

Inundada com a luz

Oro também para que os olhos do coração de vocês sejam ilumi-
nados, a fim de que vocês conheçam a esperança para a qual ele os
chamou, as riquezas da gloriosa herança dele nos santos.
Efésios 1.18

Após a destruição provocada pelo furacão Andrew, na Flórida, foi descoberto que uma mulher idosa, chamada Norena, viveu na casa dela sem energia por quase quinze anos, por causa de um empreiteiro sem escrúpulos. Ela decidiu simplesmente "conviver com isso".

Depois que alguém da vizinhança informou ao prefeito da cidade sobre a situação dessa senhora, foi enviado um empreiteiro honesto até lá, e Norena, em pouco tempo, viu sua casa "cheia de luz". Quando entrevistada por repórteres das redes de TV locais, ela disse: "É difícil descrever o que sentimos quando a energia vem e ilumina a casa... É muito impressionante."

Quando Deus nos chama para fora das trevas, também ficamos impressionadas. Somos invadidas por esperança, sentimos que recebemos o perdão pelos pecados, graça, paz, sabedoria e a presença do Espírito Santo. Somos inundadas com a luz!

Pai,
Por favor, ajude-nos a perceber a confiança que sua luz traz para a nossa vida. Amém.

11 de julho

Prioridades

É melhor ir a uma casa onde há luto do que a uma casa em festa,
pois a morte é o destino de todos; os vivos devem levar isso a sério!
Eclesiastes 7.2

Imagine que a você tenha sido dada uma escolha: poder participar tanto de um funeral quanto de uma festa. Em uma festa estariam incluídas conversas, risos, boa e farta comida, enquanto que no funeral haveria lamentos, reflexão e luto. Qual você escolheria?

Alguns anos atrás, eu tocava violino em funerais que aconteciam em um cemitério próximo de minha casa. Os eventos que aconteciam lá eram profundamente emocionantes, quer fosse pelo fato de os entes queridos celebrarem a memória de uma vida bem vivida, embora lamentando a perda, quer fosse pela reflexão que, inevitavelmente, acontecia sobre a vida em geral. Cada evento desse me oferecia uma oportunidade de pensar sobre o que é mais importante na vida.

Viver tendo a oportunidade de lembrar que a morte é inevitável é uma boa maneira de se ganhar perspectiva e definir prioridades. Os funerais são melhores do que as festas para trazer foco a nossa forma de viver.

Deus,
O Senhor tem dado a cada uma de nós um número exato de dias para vivermos neste mundo. Ajude-nos a vivê-los de uma forma que seja agradável ao Senhor. Amém.

Fiéis sob pressão

Entre esses estavam alguns que vieram de Judá: Daniel, Hananias,
Misael e Azarias. O chefe dos oficiais deu-lhes novos nomes: a
Daniel deu o nome de Beltessazar; a Hananias, Sadraque; a Misael,
Mesaque; e a Azarias, Abede-Nego. Daniel, contudo, decidiu não se
tornar impuro com a comida e com o vinho do rei, e pediu ao chefe
dos oficiais permissão para se abster deles.
Daniel 1.6-8

Daniel, Hananias, Misael e Azarias tinham apenas uns 16 anos quando foram levados como reféns pelo rei Nabucodonosor e deportados de Judá para a Babilônia.

Uma das primeiras coisas feitas por Nabucodonosor foi mudar o nome deles. Essa foi uma tentativa de mexer com a devoção deles para deixarem o verdadeiro Deus e servirem aos deuses babilônicos. Daniel e seus amigos tiveram um claro propósito e uma fé inabalável em Deus, por isso não cederam às pressões que estavam diante deles.

No início, parecia que iriam perder a vida, mas Deus andava com eles e resgatou os amigos de Daniel tirando-os da fornalha ardente. Uma vida de fé em Deus é uma vida triunfante.

Pai,
Dê-nos a graça de não cedermos às pressões que sempre estão nos cercando. Amém.

13 de julho

Interesse pelos outros

Nada façam por ambição egoísta ou por vaidade,
mas humildemente considerem os outros superiores
a vocês mesmos. Cada um cuide, não somente dos seus
interesses, mas também dos interesses dos outros.
Seja a atitude de vocês a mesma de Cristo Jesus.
Filipenses 2.3-5

Dificilmente passa um dia sem que eu lute contra o egoísmo de uma forma ou de outra. Seja tentando impressionar uma pessoa, seja ignorando outra, às vezes olho apenas para mim em vez de olhar para os outros.

Cristo quer que eu tenha uma atitude muito diferente, que seja altruísta. Não é coincidência que a palavra *outros* é mencionada duas vezes nos versículos anteriores. Deus quer que eu siga o exemplo de Cristo.

Cristo veio para ser o nosso pastor, aquele que olha por nós. Em vez de viver aqui na terra como um ganancioso ou com uma atitude de quem pensa apenas em si, ele cuidou tanto de nós que deu o seu sangue por nós. Que exemplo humilde!

Pai,
Confesso o meu egoísmo ao Senhor. Por favor, encha-me com a sua graça para que eu pense mais nos outros. Amém.

14 de julho

Planos para nós

O SENHOR cumprirá o seu propósito para comigo!
Teu amor, SENHOR, permanece para sempre;
não abandones as obras das tuas mãos!
Salmo 138.8

Desenhe uma linha numa folha de papel e faça um pequeno ponto em algum lugar dessa linha. Se o ponto nos representa e a linha (infinita!) representa o plano de Deus para o mundo, vemos que os desígnios do Senhor são muito maiores do que geralmente pensamos.

O tempo de nossa vida nesta terra pode se parecer apenas com um pequeno ponto em uma linha, mas quando nos relacionamos com o fiel e eterno Deus, nós nos tornamos parte de um plano que é muito maior do que qualquer coisa que nossa mente possa imaginar.

O Senhor, Rei do universo, tem planos para nós! O Deus de amor que nos fez não nos abandonará jamais.

Pai,
Obrigada pela garantia de que o Senhor jamais nos deixará sozinhas. Amém.

Deixe as crianças virem

Depois trouxeram crianças a Jesus, para que lhes impusesse as mãos e orasse por elas. Mas os discípulos os repreendiam. Então disse Jesus: "Deixem vir a mim as crianças e não as impeçam; pois o Reino dos céus pertence aos que são semelhantes a elas".

Mateus 19.13-14

Recentemente, ao embarcar em um voo de 16 horas para Hong Kong, meu marido logo se sentou em seu lugar. Para seu desespero, ele descobriu que estava cercado por cinco famílias com crianças, todas com menos de quatro anos de idade! Durante a maior parte do voo, o avião esteve bastante barulhento, e isso mostrou-se para ele uma grande oportunidade para exercitar mais um pouco a paciência em sua vida.

Mesmo enquanto a vida de Jesus era preenchida com atividades constantes e multidões o seguiam aonde quer que fosse, ele sempre tinha tempo para as pessoas — especialmente para aquelas que não tinham grande destaque social.

Os discípulos de Jesus não pareciam entender isso. Eles tentaram manter as crianças distantes, mas Jesus não tinha nada a ver com isso. Ele tomou as crianças em seus braços e as abençoou. Jesus elevou o valor e a dignidade das crianças.

Deus,
Eu lhe agradeço porque, em seu amor, o Senhor jamais se afasta de quem se aproxima dele em busca de misericórdia ou cuidado.
Amém.

16 de julho

Uma história de amor

*"Eu curarei a infidelidade deles e os amarei de todo
o meu coração, pois a minha ira desviou-se deles. Serei
como orvalho para Israel; ele florescerá como o lírio.
Como o cedro do Líbano aprofundará suas raízes".*
Oseias 14.4-5

Oseias, um profeta do século VIII a.C., foi chamado por Deus para uma vida estranha. Foi-lhe dito que se casasse com uma mulher promíscua, que teve alguns de seus filhos nascidos da prostituição.

A história de amor de Oseias por sua esposa e suas ações persistentes para redimi-la de sua infidelidade foram registradas para mostrar a Israel — e a nós hoje— que Deus é fiel. Mesmo em nossa rebelião, Deus nos persegue na sua fidelidade.

O livro de Oseias também demonstra como Deus trabalha em nosso coração, curando-nos das maneiras como nós o temos rejeitado. É uma história de amor escrita por Oseias, mas ela é também para nós.

Senhor,
Obrigada por nos oferecer a cura do nosso pecado e de nossa incredulidade. Somos gratas pelo seu inesgotável amor por nós. Amém.

17 de julho

Herança duradoura

Então eles porão a confiança em Deus; não esquecerão os seus feitos e obedecerão aos seus mandamentos. Eles não serão como os seus antepassados, obstinados e rebeldes, povo de coração desleal para com Deus, gente de espírito infiel.
Salmo 78.7-8

Se você está uma ou duas gerações à frente de qualquer um dos membros de sua família, você tem a oportunidade de passar uma herança de valor inestimável. Se você tem filhos, sobrinhos ou netos, tem a oportunidade de passar adiante a verdade e a graça da Palavra de Deus.

No Salmo 78, Deus apresenta quatro razões específicas para compartilhar a sua Palavra com as gerações seguintes. Em primeiro lugar, ele quer que mantenhamos a nossa esperança e nossa confiança sempre nele. Em segundo lugar, ele quer nos lembrar de suas obras gloriosas. Em terceiro lugar, quer que sejamos obedientes. E, em quarto lugar, Deus deseja que possamos aprender com o passado, porque as pessoas que não aprendem com o passado, muitas vezes, acabam repetindo e revivendo os mesmos erros de outrora. Podemos dar o dom da Palavra de Deus.

Deus,
Que possamos compartilhar a sua Palavra com os membros mais jovens de nossa família. Amém.

18 de julho

Palavras que incendeiam

Semelhantemente, a língua é um pequeno órgão do corpo, mas se vangloria de grandes coisas. Vejam como um grande bosque é incendiado por uma simples fagulha. Assim também, a língua é um fogo; é um mundo de iniquidade. Colocada entre os membros do nosso corpo, contamina a pessoa por inteiro, incendeia todo o curso de sua vida, sendo ela mesma incendiada pelo inferno.

Tiago 3.5-6

Os incêndios florestais são comuns em muitas partes do mundo e podem facilmente ser iniciados por um raio, uma erupção vulcânica ou um descuido humano. Impulsionados pelos ventos, pela sequidão ou por pura maldade, incêndios florestais costumam destruir milhares de hectares de terras e propriedades, às vezes causando danos irreparáveis.

Tiago escolheu o dramático quadro de um incêndio florestal para nos chamar a atenção acerca dos efeitos terríveis que nossas palavras negativas podem ter sobre a vida dos outros. Sem o devido cuidado, palavras proferidas podem abalar o espírito de uma criança, desencadear um conflito em uma organização ou, irremediavelmente, afastar um marido de sua mulher.

As palavras são importantes. Escolher cuidadosamente as nossas palavras nos trará benefícios enormes em nossos relacionamentos. Que efeitos nossas palavras estão tendo sobre aqueles que nos rodeiam?

Senhor,
Que o seu Espírito guie as minhas palavras. Que elas possam ser fonte de consolo e encorajamento para os outros. Amém.

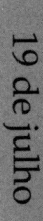

19 de julho

Nas mãos de Deus

Mas eu confio em ti, SENHOR, e digo: Tu és o meu Deus.
O meu futuro está nas tuas mãos; livra-me dos meus inimigos
e daqueles que me perseguem. Faze o teu rosto resplandecer sobre
o teu servo; salva-me por teu amor leal. Não permitas que eu seja
humilhado, SENHOR, pois tenho clamado a ti; mas que os
ímpios sejam humilhados e calados fiquem no Sheol.
Salmo 31.14-17

Às vezes, vivemos como se o futuro estivesse em nossas mãos, ou nas mãos do nosso corretor de ações, ou de nosso chefe, ou do nosso plano de saúde. Mas a Bíblia explica que tudo o que nos acontece está nas mãos de Deus.

Já que temos observado que Deus é justo, fiel e que amou outros no passado, podemos confiar que ele está operando seu bom plano para o nosso viver também — mesmo em meio a circunstâncias dolorosas ou difíceis.

Vendo o que Deus já fez no passado, somos levadas a acreditar que ele vai nos ajudar muito. E, enquanto esperamos, é consolador saber que não somos as únicas que têm lutado à espera de algo.

Pai,
É consolador observar outras pessoas que lutaram com esperança e aprender com elas. Somos encorajadas porque o Senhor é fiel.
Amém.

20 de julho

Fé, e não perfeição

Será que vocês são tão insensatos que, tendo começado pelo Espírito, querem agora se aperfeiçoar pelo esforço próprio? Será que foi inútil sofrerem tantas coisas? Se é que foi inútil!

Gálatas 3.3-4

Um bom confeiteiro se esforça para fazer o bolo perfeito... Uma cabelereira busca pelo corte de cabelo perfeito... Um pianista sonha em tocar e ter um desempenho admirável. Você já se sentiu pressionada — de dentro de você ou de fora — a viver perfeitamente?

O apóstolo Paulo viu que os cristãos estavam lutando pela perfeição por meio de seus próprios esforços, e ele se sentiu compelido a lhes fazer uma afirmação contundente. Paulo os lembrou de que se tornaram filhos de Deus exclusivamente com base na fé em Cristo.

Foi assim que eles começaram, e foi por isso que eles continuaram vivendo. A fé em Cristo é mais que apenas uma introdução para a vida cristã — é a história toda!

Deus,
Em vez de lutar pela perfeição, que é impossível de alcançar, nós queremos depender de seu Espírito Santo. Amém.

21 de julho

Benefícios da sabedoria

Na mão direita, a sabedoria lhe garante vida longa;
na mão esquerda, riquezas e honra. Os caminhos da sabedoria
são caminhos agradáveis, e todas as suas veredas são paz.
A sabedoria é árvore que dá vida a quem a abraça;
quem a ela se apega será abençoado.

Provérbios 3.16-18

Uma primeira leitura nos versículos acima pode nos transmitir a falsa impressão de que quem opta por buscar a sabedoria tem, garantida, uma vida longa, riqueza e honra. Talvez isso fosse possível em um mundo perfeito — mas não foi neste mundo em que nós nascemos.

É útil, então, lembrar-se de que o livro de Provérbios está cheio de princípios, e não de promessas. Warren Wiersbe nos lembra de que "Provérbios são generalizações sobre a vida, e não promessas às quais nos apegamos".

Se optarmos por receber sabedoria e trabalharmos para incorporá-la em nossa vida, ainda assim não necessariamente teremos a garantia de uma vida fácil. Mas podemos ter a certeza de que a nossa vida não será desperdiçada. Ela vai ser cheia de significado, e seremos abençoadas.

Pai,
Somos gratas pelos enormes benefícios de sua sabedoria. Amém.

22 de julho

Serviço criativo

Disse então o SENHOR a Moisés: "Eu escolhi a Bezalel, filho de Uri, filho de Hur, da tribo de Judá, e o enchi do Espírito de Deus, dando-lhe destreza, habilidade e plena capacidade artística".
Êxodo 31.1-3

Deus equipou Bezalel com todos os dons necessários para construir o tabernáculo e a arca da aliança, e ele continua a equipar os seus servos hoje.

Minha amiga Marge é um exemplo disso. Enquanto o marido dela, Richard, foi realizar cirurgias oftalmológicas em áreas carentes do mundo, Marge — uma abençoada artista — tem desenhado murais nesses mesmos locais: a arca de Noé em um hospital pediátrico na Índia e Jesus curando o cego em um hospital na Mongólia. Cada um desses murais conta uma história do poder de Deus — sem usar palavras.

A Boa-Nova de Jesus ainda está se espalhando pelo mundo por meio dos dons que ele dá ao seu povo. Junto com as habilidades que Deus dá, ele também capacita e dá força para cada tarefa.

Mestre,
Abra meus olhos para ver as maneiras variadas como posso servi-lo. Amém.

De dentro para fora

"Mas as coisas que saem da boca vêm do coração, e são essas que tornam o homem impuro. Pois do coração saem os maus pensamentos, os homicídios, os adultérios, as imoralidades sexuais, os roubos, os falsos testemunhos e as calúnias. Essas coisas tornam o homem impuro; mas o comer sem lavar as mãos não o torna 'impuro'"

Mateus 15.18-20

Abrindo a porta que dá em um cômodo do nosso porão, eu sentia o cheiro de algo mofado. "Isso é engraçado", pensei. "Tudo parece estar bem." Ao levantar o carpete, descobri que a água estava vazando para dentro do porão, vindo do lado de fora de nossa casa.

Meu marido e eu aprendemos, sem querer, que, para reparar uma fenda na parte externa da casa, era necessário derrubar parte da parede interna primeiro. Os assuntos do coração muitas vezes funcionam da mesma maneira. O que está acontecendo dentro de nosso coração geralmente se manifesta em nossas palavras.

Quando nossos lábios emitem ofensas e prejudicam outras pessoas, nosso coração precisa ser transformado por Cristo. Quando nos voltamos para ele em arrependimento e dependência, ele acalma as coisas e nos transforma, de dentro para fora.

Pai,
Derramamos o nosso coração diante do Senhor, cheias de gratidão por saber que o seu Espírito nos transforma. Amém.

Presença de Deus

*Então Moisés lhe declarou: "Se não fores conosco, não nos envies.
Como se saberá que eu e o teu povo podemos contar com o teu
favor, se não nos acompanhares? Que mais poderá distinguir a
mim e a teu povo de todos os demais povos da face da terra?"*
Êxodo 33.15-16

Às vezes penso: "As coisas não parecem boas para
mim ou para a honra de seu nome, Deus." Pergunto-
-me se Moisés se sentia assim. Ele disse a Deus que não
queria seguir adiante, a menos que soubesse que Deus
iria com ele.

Se Deus não fosse com ele e os israelitas, Moisés
pensou, a reputação deles estaria condenada, e da
mesma forma parece que a de Deus também. Como
Deus respondeu a isso? Ele prometeu que faria como
Moisés havia pedido e abençoou a sua vida. Ele também disse que conhecia Moisés pelo nome e que iria
mostrar-lhe a sua glória.

Quando as coisas na vida não fazem sentido,
peça a Deus que esteja presente. A segurança não está
na ausência de perigo. A segurança está na presença
de Deus.

Pai,
Mesmo quando as coisas em nossa vida não fazem sentido, podemos olhar para o Senhor na certeza de que a sua presença jamais nos deixa. Amém.

25 de julho

Cheia de sabor

"Vocês são o sal da terra. Mas, se o sal perder o seu sabor,
como restaurá-lo? Não servirá para nada, exceto para
ser jogado fora e pisado pelos homens".
Mateus 5.13

Recentemente comi uma espiga de milho sem colocar sal nela. A experiência não foi nada boa. Sem sal, alguns alimentos parecem sem graça e sem gosto — uma espiga de milho, ovos mexidos ou purê de batata, para dar alguns exemplos. Coloque um pouco de sal sobre esses alimentos, e eles terão, finalmente, algum sabor.

Assim como o sal fornece sabor para alguns dos nossos alimentos favoritos, a presença de Jesus nos leva a dar um significado especial às pessoas ao nosso redor.

Se seguirmos a Cristo de perto, nossa vida pode afetar a de outros positivamente, da mesma forma como o sal dá sabor aos alimentos. Nós teremos um sabor delicioso, e não ruim. Quanto mais nos aproximamos da fonte, mais como o sal seremos.

Pai,
Queremos seguir caminhando fielmente com o Senhor, para mantermos a nossa salinidade. Amém.

26 de julho

Palavras que dão vida

A boca do justo é fonte de vida, mas a boca dos
ímpios abriga a violência.
Provérbios 10.11

Localizada em Genebra, na Suíça, a Jet d'Eau é uma das maiores fontes do mundo. Sempre que ela está em funcionamento, a água se espalha pelo ar, alcançando cerca de 140 metros.

O escritor de Provérbios compara as palavras de uma pessoa piedosa a uma fonte que dá vida — uma imagem para refletirmos. Quando estamos conectadas com Deus, a fonte de toda vida, podemos falar palavras que edificam, confortam e dão direção àqueles que nos rodeiam.

O contrário também é verdadeiro. Se expelirmos palavras de destruição, podemos ferir as pessoas. Tudo depende da fonte de onde estamos extraindo. À medida que ganhamos sabedoria com o tempo investido na Palavra de Deus e pedimos sua ajuda, nossas palavras passam a ter um efeito vivificante.

Deus,
Queremos que as nossas palavras sejam geradoras de vida para todas as pessoas que nos cercam. Amém.

27 de julho

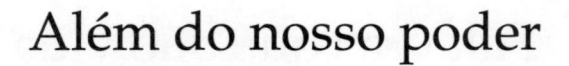

Além do nosso poder

O faraó disse a José: "Tive um sonho que ninguém consegue interpretar. Mas ouvi falar que você, ao ouvir um sonho, é capaz de interpretá-lo". Respondeu-lhe José: "Isso não depende de mim, mas Deus dará ao faraó uma resposta favorável".

Gênesis 41.15-16

Nas ocasiões em que mostramos bondade para com um amigo ou ajudamos um membro da família passando por necessidade, é comum recebermos gratidão, e até um elogio, em resposta. O reconhecimento é bom, e um simples "obrigado" é sempre estimado por nós.

Há momentos, no entanto, em que é bom dar um passo adiante. Quando sabemos que fazemos ou dizemos alguma coisa útil como uma clara consequência da graça ou do poder de Deus, o Senhor é honrado e reconhecido por sua ajuda àqueles que nos rodeiam.

Quando somos ajudadas, consoladas e fortalecidas pelo Espírito de Deus, é bom compartilharmos isso com outras pessoas.

Deus,

O exemplo humilde de José é consolador. Ele não levou o crédito para si mesmo, mas reconheceu que tudo vinha do Senhor. Quero fazer isso também. Amém.

Ore frequentemente

*Deus, a quem sirvo de todo o coração pregando o
evangelho de seu Filho, é minha testemunha de como
sempre me lembro de vocês em minhas orações.*
Romanos 1.9-10a

Com que frequência você come? Quantas vezes por dia você verifica seus e-mails? Coisas que fazemos muitas vezes, fazemos porque nos são, de alguma forma, necessárias. Temos a tendência de dedicar tempo às coisas que são importantes para nós — como comer e descansar.

A oração é mais do que importante — ela é fundamental. Paulo, o grande apóstolo, orou dia e noite. Daniel, o profeta, orou três vezes ao dia. A oração era a sua fonte de sabedoria, orientação e força — coisas de que cada uma de nós necessita diariamente.

A oração não custa dinheiro, não precisa agendar nem marcar uma reunião, e não há limites para o quanto podemos orar. Podemos começar cedo e orar sempre.

Deus,
Saber que alguém se preocupa conosco o suficiente para orar por nós nos toca profundamente. Que possamos mostrar o mesmo cuidado para com os outros. Amém.

29 de julho

Honra de Deus

Ajuda-nos, ó Deus, nosso Salvador, para a glória do teu nome;
livra-nos e perdoa os nossos pecados, por amor do teu nome.
Salmo 79.9

Há momentos em nossa vida em que nos sentimos desesperadas pela ajuda de Deus. Se recebemos a notícia de um diagnóstico de câncer ou lidamos com um filho rebelde, a maioria de nós luta a ponto de fazer tudo o que é necessário para ficar de fora do poço da angústia.

O salmista nos lembra que Deus tem um claro interesse no que acontece conosco e está preocupado sobre como lidamos com cada uma das situações. Porque o nome de Deus é cheio de magnificência e esplendor, ele quer preservá-lo!

Orar em nome de Deus não nos assegura que iremos ficar livres ou imunes de qualquer dificuldade. Mas pedir-lhe que nos dê o seu conforto, incentivo, perdão ou suporte, para o bem da sua própria dignidade e integridade, é uma maneira poderosa de orar!

Pai,
Somos gratas porque o Senhor nos ajuda, para a honra de seu nome. Amém.

30 de julho

"Eu estarei com você"

Moisés, porém, respondeu a Deus: "Quem sou eu para apresentar-me ao faraó e tirar os israelitas do Egito?" Deus afirmou: "Eu estarei com você. Esta é a prova de que sou eu quem o envia: quando você tirar o povo do Egito, vocês prestarão culto a Deus neste monte".
Êxodo 3.11-12

O homem que Deus escolheu para liderar seu povo do Egito sofria de um grande complexo de inferioridade. Quando Moisés olhou em volta, viu a terrível opressão de seu povo. Quando olhou para dentro de si, viu sua fraqueza e inadequação.

Porque a visão de Moisés limitava-se apenas ao que ele podia ver horizontalmente, ele perguntou a Deus: "Quem sou eu para fazer isso? É interessante que Deus não disse a Moisés: "Você pode fazer isso, mas só precisa acreditar em si mesmo." Em vez disso, Deus pediu a Moisés que ampliasse sua visão vertical, olhando para ele, e prometeu que estaria com Moisés.

Para podermos ir além da fraqueza e da inadequação dentro de nós e à nossa volta, precisamos buscar isso. Deus estará conosco também.

Deus,
Obrigada pela garantia de sua presença. Amém.

31 de julho

Agosto

Uma cidade iluminada

"Vocês são a luz do mundo. Não se pode esconder uma cidade construída sobre um monte. E, também, ninguém acende uma candeia e a coloca debaixo de uma vasilha. Pelo contrário, coloca-a no lugar apropriado, e assim ilumina a todos os que estão na casa. Assim brilhe a luz de vocês diante dos homens, para que vejam as suas boas obras e glorifiquem ao Pai de vocês, que está nos céus".
Mateus 5.14-16

A poucos quarteirões do norte de Oxford e Regents, no centro de Londres, fica a All Souls Church. Por 25 anos, John Stott foi o pastor da igreja.

O edifício original, desenhado pelo famoso arquiteto John Nash, é um símbolo da brilhante vida espiritual do povo da igreja. Em uma congregação que conta com a participação de mais de setenta nacionalidades, as luzes da igreja se espalham por muitos cantos da cultura de Londres e para além dela.

Quando vivemos um relacionamento com o nosso Pai celeste, ele compartilha a sua luz conosco – luz que brilha para aqueles que nos rodeiam. Será que temos uma história iluminada?

Senhor,
Que eu possa segurar fielmente a minha luz em lugares altos, refletindo a luz da sua glória. Amém.

1º de agosto

Fidelidade a Deus

"Quando vocês ajudarem as hebreias a dar à luz, verifiquem se é menino. Se for, matem-no; se for menina, deixem-na viver". Todavia, as parteiras temeram a Deus e não obedeceram às ordens do rei do Egito; deixaram viver os meninos. (...) Visto que as parteiras temeram a Deus, ele concedeu-lhes que tivessem suas próprias famílias.
Êxodo 1.16-17, 21

Duas parteiras hebreias do livro de Êxodo ilustram que a fidelidade a Deus deve ser superior à lealdade às pessoas. Quando o rei do Egito quis acabar com parte da população de hebreus, ele ordenou a duas parteiras, Sifrá e Puá, que matassem todos os meninos recém-nascidos.

Essas duas mulheres arriscaram a vida e desobedeceram ao faraó por respeito a Deus. Mas Deus abençoou a devoção delas, dando-lhes as suas próprias famílias.

Nós podemos encontrar situações em que obedecer a Deus significa desobedecer a alguma outra autoridade terrena. Se o fizermos, podemos recorrer a Deus para nos dar a coragem necessária para que possamos obedecê-lo, em vez de obedecermos a alguma outra autoridade.

Pai,
O Senhor é a autoridade máxima, e por isso somos gratas. Por favor, dê-nos sabedoria quando questões de autoridade não forem claras para nós. Amém.

Um fugitivo retorna

Apelo em favor de meu filho Onésimo, que gerei enquanto estava preso. Ele antes era inútil para você, mas agora é útil, tanto para você quanto para mim. Mando-o de volta a você, como se fosse o meu próprio coração.

Filemom 10-12

Onésimo era um escravo que pertencia a Filemom, mas fugiu para escapar de suas obrigações. No entanto, quando o fugitivo encontrou Paulo, também encontrou Cristo. E Paulo se tornou seu pai na fé.

A conversão de Onésimo demonstrou duas dimensões de transformação espiritual. Primeiro, ele submeteu-se às responsabilidades e obrigações de sua vida e retornou ao seu senhor. Depois, ele se tornou "útil" para Filemom. E, em vez de evitar seus deveres, ele os aceitou. Sua escravidão se tornou sua liberdade – a liberdade para fazer o que é certo.

Isto também é verdade para todas nós que uma vez fomos escravas do pecado. Temos agora a liberdade que nos permite ser servas úteis do Pai misericordioso que nos recebeu em sua própria família.

Deus,
Obrigada porque, embora eu já tenha sido uma escrava do pecado, o Senhor me fez livre para servi-lo. Amém.

3 de agosto

Pai perfeito

Tu dizes: "Eu determino o tempo em que
julgarei com justiça".
Salmo 75.2

Imagine um menininho viajando em um voo com a mãe dele. Durante a decolagem e a aterrissagem, ele precisa ser contido por um cinto de segurança ligado ao cinto de segurança da mãe.

O pequenino fica aos chutes e gritos, porque há lugares a que ele gostaria de ir e pessoas que gostaria de ver, mas, no entanto, está preso. As coisas simplesmente não parecem fazer sentido para ele!

Às vezes, lutamos contra os mesmos sentimentos e pensamos: "Deus, esta situação pela qual estou passando não parece justa!" Nosso Pai celeste nos assegura, porém, de que todas as questões de tempo e justiça estão sob seu controle. Ele é um pai perfeito, e podemos confiar em seu plano de amor para o nosso bem maior.

Pai,
Que possamos descansar na certeza de que o seu plano é para o nosso bem. Amém.

Fuja para Deus

E, depois de certo tempo, a mulher do seu senhor começou a cobiçá-lo e o convidou: "Venha, deite-se comigo!" Mas ele se recusou e lhe disse: "Meu senhor não se preocupa com coisa alguma de sua casa, e tudo o que tem deixou aos meus cuidados. Ninguém desta casa está acima de mim. Ele nada me negou, a não ser a senhora, porque é a mulher dele. Como poderia eu, então, cometer algo tão perverso e pecar contra Deus?" Assim, embora ela insistisse com José dia após dia, ele se recusava a deitar-se com ela e evitava ficar perto dela. Um dia ele entrou na casa para fazer suas tarefas, e nenhum dos empregados ali se encontrava. Ela o agarrou pelo manto e voltou a convidá-lo: "Vamos, deite-se comigo!" Mas ele fugiu da casa, deixando o manto na mão dela.

Gênesis 39.7-12

A maioria de nós tem amigos ou parentes que foram feridos pelo pecado sexual. E nenhuma de nós está imune às tentações relativas à imoralidade sexual, seja em pensamento, seja em ação.

Sou grata por variados exemplos de pessoas em toda a Bíblia que foram confrontadas com várias tentações e conseguiram lidar bem com elas.

Observe a maneira progressiva como José tomou suas decisões. Ele recusou. Ele recusou novamente e novamente. Ele procurou ficar longe da esposa de Potifar. Ele fugiu. Que grande exemplo José foi para cada uma de nós quando nos deparamos com tentações de qualquer tipo! Recusar. Recusar novamente. Ficar longe. Se necessário, fugir!

Pai,
Somos gratas porque o Senhor compreende nossas tentações e tem poder ilimitado para nos ajudar. Amém.

5 de agosto

No deserto

Ó Deus, tu és o meu Deus, eu te busco intensamente;
a minha alma tem sede de ti! Todo o meu ser
anseia por ti, numa terra seca, exausta e sem água.
Salmo 63.1

O deserto do Saara é uma área assustadora de terra que mede mais de 9 milhões de quilômetros quadrados, sendo o maior do mundo, e fica situado na parte norte da África. E é, provavelmente, também o mais quente, uma vez que a parte que fica na Líbia já registrou temperaturas de até 57,7°C, em 1922.

Tentar imaginar como é que o Saara nos ajuda a pensar nas palavras do salmista: "...numa terra seca, exausta e sem água." Essas palavras têm a marca de uma pessoa desesperada e desidratada.

Alguém entre nós já pode ter sido fisicamente desidratado; mas também pode ter se tornado espiritualmente desidratado, vendo-se em uma vida de sequidão e em lugares de profundo cansaço. Como o salmista, podemos buscar a Deus, dizendo: "O Senhor é o meu Deus... a minha alma tem sede do Senhor."

Pai,
Durante os tempos secos que passo em minha vida, sei que o Senhor pode saciar a minha sede. Amém.

6 de agosto

O único Deus

Se alguém chegar a vocês e não trouxer esse ensino, não o recebam em casa nem o saúdem. Pois quem o saúda torna-se participante das suas obras malignas.
2João 1.10-11

De vez em quando, as pessoas vêm à nossa porta oferecendo literatura religiosa que parece se tratar de conteúdo bíblico. Após um exame cuidadoso do material, percebemos que ensina que Jesus é apenas um grande mestre ou profeta.

João lembra seus leitores de que uma compreensão adequada de Jesus Cristo é central para a verdadeira fé em Deus. Jesus é o único caminho para a vida eterna. Já a partir dos primeiros dias da igreja cristã, homens e mulheres reconheceram a necessidade de manter e guardar a verdade sobre Cristo. Por isso é tão importante para nós mantermos essa mesma verdade nos dias de hoje.

Senhor,
Dê-me sabedoria e perseverança para aceitar a supremacia de Jesus Cristo. Confirme no meu coração que ele está acima de qualquer coisa no universo, e me ajude a me curvar em adoração humilde a seus pés. Amém.

Pedras memoriais

*"Elas servirão de sinal para vocês. No futuro, quando os
seus filhos perguntarem: 'Que significam essas pedras?',
respondam que as águas do Jordão foram interrompidas diante
da arca da aliança do SENHOR. Quando a arca atravessou o
Jordão, as águas foram interrompidas. Essas pedras serão um
memorial perpétuo para o povo de Israel".*

Josué 4.6-7

Pouco antes de Josué conduzir o povo de Israel para
a Terra Prometida, ele seguiu as instruções do Senhor
para construir um memorial no meio do rio Jordão.
Lá, os israelitas haviam, milagrosamente, cruzado o
rio quando Deus parou o fluxo da água, fazendo a terra ficar seca. As pedras eram para ser uma lembrança
para o povo e seus filhos de que Deus é todo-poderoso, e que somente ele deve ser temido.

Quais são as "pedras memoriais" em sua vida?
Quais são algumas das maneiras que Deus fielmente cuidou de você? Lembrar desses tempos especiais
pode ser um grande incentivo para nós e para os outros, à medida que partilhamos as coisas boas que
Deus fez em nossa vida.

Senhor,
Dê-me olhos para enxergar a sua fidelidade e compartilhar com
aqueles ao meu redor. Amém.

8 de agosto

Peça ajuda

Os que olham para ele estão radiantes de alegria; seus rostos jamais mostrarão decepção.
Salmo 34.5

Para poder abrir a porta de sua casa ou de seu apartamento, você precisa usar a chave apropriada. Se você tem dificuldades para encontrar a chave certa, pode acabar do lado de fora por um tempo mais longo do que o necessário.

A nossa necessidade de alegria parece exigir uma chave da mesma forma, e, quando lutamos para encontrá-la, às vezes sentimos como se estivéssemos "esperando lá fora". Se você está se esforçando para encontrar alegria no dia de hoje, reserve um momento de silêncio em um ambiente privado, onde possa expressar seus sentimentos, necessidades e preocupações a Deus.

Deus está disposto a ouvir e a entender. Ele também está disposto a compartilhar o seu esplendor e sua alegria conosco. Peça-lhe, pois ele está sempre pronto para ajudar.

Pai,
Queremos estar contentes. Somos gratas porque o Senhor está sempre disposto a nos ajudar. Amém.

9 de agosto

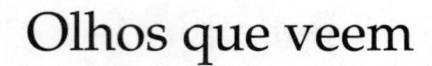

Olhos que veem

Os olhos são a candeia do corpo. Quando os seus olhos forem bons, igualmente todo o seu corpo estará cheio de luz. Mas quando forem maus, igualmente o seu corpo estará cheio de trevas.
Lucas 11.34

Recentemente, dois médicos oftalmologistas da Wheaton Eye Clinic viajaram para o Sudão com uma caixa especial que continha 11 globos oculares. Os médicos estavam em uma missão voluntária determinados a substituir as córneas de pacientes que, ansiosos, aguardavam para receber uma nova visão.

Como resultado da cirurgia, aquelas pessoas adquiriram a visão para enxergar coisas que nunca tinham visto até então. Quando Jesus falou para as multidões, conforme nos conta a Bíblia, ele as encorajou a olhar para Deus, o único que é capaz de nos trazer visão espiritual.

Focar Deus nos faz ver a diferença entre o certo e o errado e nos ajuda a entender coisas que nunca havíamos compreendido antes. À medida que fixamos nossos olhos em Deus, a nossa vida fica cheia de luz.

Deus,
O Senhor é a luz que ilumina o mundo. Obrigada por abrir os nossos olhos para a sua verdade. Amém.

10 de agosto

Crescendo sábias

"Quem corrige o zombador traz sobre si o insulto; quem repreende o ímpio mancha o próprio nome. Não repreenda o zombador, caso contrário ele o odiará; repreenda o sábio, e ele o amará. Instrua o homem sábio, e ele será ainda mais sábio; ensine o homem justo, e ele aumentará o seu saber".

Provérbios 9.7-9

Como reagimos a uma pessoa que nos corrige ou nos repreende indica que tipo de pessoa nós somos. Será que ouvimos atentamente com vontade de sermos informadas ou ensinadas sobre algo ou zombamos abertamente (ou por dentro) de uma pessoa que nos corrige?

Nem toda correção vem a nós com bondade e respeito. Às vezes, as pessoas que nos "ofertam" como se fossem presentes agem imprudentemente consigo mesmas. Felizmente, isso não nos impedirá de olhar para o que há de verdadeiro em seus comentários.

Se queremos nos tornar mulheres sábias, devemos estar dispostas a aprender com a correção. Ao fazê-lo, cresceremos em sabedoria.

Pai,
É tão fácil ficar na defensiva quando alguém nos corrige. Por favor, em vez de agirmos assim, ajude-nos a ouvir com atenção. Amém.

11 de agosto

Noiva bonita

Vi a Cidade Santa, a nova Jerusalém, que descia do céu, da parte
de Deus, preparada como uma noiva adornada para o seu marido.
Apocalipse 21.2

Nunca vou esquecer aquele momento. Sentada em um banco ao lado do meu marido, apenas alguns minutos antes do casamento de nosso filho, eu ouvi a música da entrada dos noivos começar. Todos na igreja se levantaram e viraram-se para olhar para Brit, a bela noiva de Nate. Minha respiração ficou presa no peito, e senti um nó na garganta.

Eu não tinha previsto como me sentiria diante de tudo isso. Se podemos sentir tamanhas emoção e tensão com uma cerimônia de casamento aqui na terra, fico imaginando como vai ser quando Cristo, o Noivo de todos os noivos, vier para reivindicar a sua igreja, a Noiva de todas as noivas.

A admiração que sentimos sobre o amor redentor de Cristo por nós é uma maravilha que celebraremos por toda a eternidade. Isso está acima e além de qualquer coisa que sejamos capazes de imaginar!

Pai,
Somos gratas porque, em seu propósito eterno, o Senhor planejou que a Igreja seria a sua noiva. Amém.

Deus supre

O meu Deus suprirá todas as necessidades de vocês, de acordo com as suas gloriosas riquezas em Cristo Jesus.
Filipenses 4.19

Antes do início de um novo ano escolar, as mães costumam levar os filhos para comprar o material que será usado na escola. Os alunos precisam estar devidamente equipados antes de poderem fazer exercícios, pintar um quadro ou descobrir a hipotenusa de um triângulo.

Como adultos, nós, às vezes, desejamos que a provisão para as nossas necessidades fosse assim tão simples. Estamos conscientes da nossa falta de paciência, do nosso desejo de ser amadas ou de nossos sentimentos de inadequação. Para onde vamos na intenção de satisfazermos as nossas necessidades?

O apóstolo Paulo experimentou naufrágio, prisão, fome e privação. A Bíblia registra que Paulo recebeu o que precisava da parte de Deus, quando estava lutando em meio aos desafios. Deus, que teve cuidado com a vida de Paulo, também suprirá as nossas necessidades.

Deus,
Somos pessoas carentes. Somos gratas porque o Senhor vai fornecer tudo que necessitamos por meio de suas abundantes riquezas. Amém.

Mas Deus...

"Os patriarcas, tendo inveja de José, venderam-no como escravo para o Egito. Mas Deus estava com ele e o libertou de todas as suas tribulações, dando a José favor e sabedoria diante do faraó, rei do Egito; este o tornou governador do Egito e de todo o seu palácio".
Atos 7.9-10

Após os irmãos invejosos de José terem-no traído, vendendo-o para comerciantes de um outro país, podia parecer que nunca mais se ouviria falar dele novamente. "Mas Deus..." Essas duas pequenas palavras são enormes em significado. Mas Deus o quê? Deus estava com José.

Ele lhe mostrou favor e o encorajou em meio aos seus problemas. Deus lhe deu sabedoria e o ajudou a interpretar um dos sonhos do faraó. Deus resgatou José. Não foi imediatamente, mas o Senhor o protegeu até que chegasse o momento da restituição.

Se você está desanimada por causa de danos que são aparentemente irreversíveis em sua vida ou na vida de alguém que você ama, seja encorajada pela história de José. Deus está conosco e nos mostra seu favor, dá-nos sabedoria e nos resgata com amor.

Deus,
O Senhor foi fiel com José. Por essa razão, também somos encorajadas a confiar no Senhor. Amém.

14 de agosto

Força para correr

*Até os jovens se cansam e ficam exaustos, e os moços
tropeçam e caem; mas aqueles que esperam no SENHOR
renovam as suas forças. Voam alto como águias; correm
e não ficam exaustos, andam e não se cansam.*
Isaías 40.30-31

Quando o nosso sobrinho Jeff chegou pela primeira vez à Wheaton College, ele veio algumas semanas mais cedo para treinar futebol americano. Esse treinamento para a nova temporada era rigoroso, e os calouros tinham que provar sua resistência em uma corrida.

Enquanto Jeff concluía facilmente os circuitos necessários, alguns de seus amigos lutavam para alcançar as marcas necessárias. Eu nunca esquecerei a visão de Jeff regressando à pista, praticamente abraçando um amigo que estava à beira de um colapso e arrastando-o para o outro lado da linha de chegada.

Há momentos na vida em que mesmo o mais forte de nós se sente completamente dominado pelas circunstâncias. Essa é a hora de confiar no Senhor. Ele não só vai nos carregar junto dele, mas promete nos dar novas forças, para que possamos superar o percurso sem cansaço!

Senhor,
Obrigada por entender o nosso cansaço e nossa fraqueza. Por favor, dê-nos a sua prometida força. Amém.

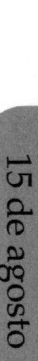

15 de agosto

Doces misericórdias

*Não me negues a tua misericórdia, SENHOR; que o teu
amor e a tua verdade sempre me protejam. Pois incontáveis
problemas me cercam e as minhas culpas me alcançaram,
e já não consigo ver. Mais numerosos são que os cabelos
da minha cabeça, e o meu coração perdeu o ânimo.*
Salmo 40.11-12

Os problemas que os pecados do salmista causaram a ele não são desconhecidos para nós. Às vezes, os nossos pecados se acumulam e nos fazem perder a coragem.

Quando o pecado ameaçava dominar o salmista, ele clamava a Deus com uma desesperada oração por libertação. Reconhecendo a sua necessidade espiritual diante de Deus, ele percebeu que só quando se firmou no infalível amor e fidelidade do Senhor é que ele pôde lidar com o mal e o pecado que estavam ao seu redor, e até mesmo dentro dele.

A oração do salmista no Salmo 40.17 serve para todas nós: "Quanto a mim, sou pobre e necessitado, mas o Senhor preocupa-se comigo. Tu és o meu socorro e o meu libertador; meu Deus, não te demores!"

Senhor,
Estamos necessitando das suas doces misericórdias. Por favor, proteja-nos com seu amor infalível. Amém.

16 de agosto

Seu coração voltado para Deus

Nem antes nem depois de Josias houve um rei como ele, que se voltasse para o SENHOR de todo o coração, de toda a alma e de todas as suas forças, de acordo com toda a Lei de Moisés.

2Reis 23.25

Josias foi um dos reis mais notáveis de Judá. Coroado aos oito anos de idade, ele reinou sobre o país por mais ou menos 31 anos. Somos informados de que aos 16 anos ele começou a buscar o Deus de seu antepassado, Davi.

Quando amadureceu, Josias começou uma série de reformas espirituais radicais. O ponto-chave na sua vida pareceu ser a descoberta do livro da Lei de Deus. Após ouvir sobre todas as maneiras como seu povo havia falhado em obedecer a Deus, Josias entrou em desespero.

Ele se arrependeu e se voltou de todo o coração para Deus. E nós podemos fazer o mesmo! A Palavra de Deus é poderosa. Quando lemos a sua Palavra, nós nos arrependemos e voltamos para o Senhor, pois ele é fiel para nos guiar.

Senhor,
Ajude-me a, como Josias, prestar atenção a sua Palavra. Que eu possa estar pronta para me afastar do pecado e voltar para o Senhor. Amém.

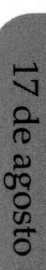

17 de agosto

Enfrentando a tentação

O tentador aproximou-se dele e disse: "Se você é o Filho de Deus, mande que estas pedras se transformem em pães". Jesus respondeu: "Está escrito: 'Nem só de pão viverá o homem, mas de toda palavra que procede da boca de Deus'".

Mateus 4.3-4

Sempre que nos deparamos com tentações, é encorajador lembrarmos que Jesus também enfrentou a tentação de perto. Enquanto viveu na terra, ele experimentou os laços do desejo, do poder e do orgulho, que são comuns a todas nós.

Embora Jesus jamais tenha pecado, ele conhece o sentimento de ser tentado. Cristo também demonstrou como vencer a tentação: por intermédio da Palavra de Deus. Se Jesus, o Filho de Deus, precisou da Palavra de Deus para resistir à tentação, Imagine você e eu!

Jesus estava sempre cheio da Palavra de Deus. Ele também era submisso a ela. E que elevado padrão ele deixou para todas nós!

Pai,
Que possamos gastar tempo suficiente lendo a Bíblia para que, quando sentirmos o laço da tentação, possamos nos lembrar de suas palavras. Amém.

Fale sobre Deus

*Então Moisés contou ao sogro tudo quanto o SENHOR
tinha feito ao faraó e aos egípcios por amor a Israel e
também todas as dificuldades que tinham enfrentado
pelo caminho e como o SENHOR os livrara.*
Êxodo 18.8

Moisés contou a seu sogro Jetro que quando Deus havia resgatado os israelitas do Egito, ele não deixou de fora as dificuldades. Gosto de saber disso, porque todas nós também temos dificuldades.

Eu gostaria de ter ouvido as histórias diretamente dos lábios de Moisés. Ele provavelmente mencionaria o quanto as pessoas se sentiram estarrecidas quando se viram encurraladas pelos exércitos egípcios. E possivelmente descreveria como o mar Vermelho ficou quando Deus separou as águas, dando um relato de como faraó e os egípcios foram engolidos.

E que grande padrão Moisés nos deixou, ensinando-nos a contar aos outros o que Deus fez em nossa vida. "Diga a eles o que ele fez. Não deixe de fora as dificuldades. Explique como Deus os resgatou de seus problemas."

Pai,
Que possamos ser fiéis para contar aos outros sobre as muitas maneiras como o Senhor nos tem ajudado. Amém.

19 de agosto

Pequenos começos

*Livrem-se de toda amargura, indignação e ira,
gritaria e calúnia, bem como de toda maldade. Sejam
bondosos e compassivos uns para com os outros, perdoando-se
mutuamente, assim como Deus os perdoou em Cristo.*
Efésios 4.31-32

Pense no que há em comum entre se livrar das coisas e perdoar uns aos outros. Ambos são mais fáceis de fazer quando as questões são pequenas. Livrar-se de ervas daninhas em um pote de plantas leva alguns segundos, mas arrancar uma antiga árvore pode levar horas.

Aceitar um pedido de perdão por um comentário infeliz feito a nosso respeito é mais fácil do que perdoar uma vida inteira de conversas abusivas. Perdoar um amigo por ter esquecido que marcou de almoçar conosco não exige tanto esforço como perdoar um membro da família que nos traiu. De qualquer maneira, precisamos lidar com uma coisa de cada vez.

Se lidamos com as coisas enquanto elas ainda são pequenas, os benefícios que colhemos serão enormes. Mas, por meio de tudo isso, nós contamos sempre com Aquele que nos ajuda a perdoar e nos perdoa.

Pai,
Ajude-nos a lidar com os problemas enquanto eles ainda são pequenos. Que possamos oferecer o perdão aos outros, assim como o Senhor tem oferecido a nós. Amém.

Poderoso Salvador

"O SENHOR, o seu Deus, está em seu meio, poderoso
para salvar. Ele se regozijará em você, com o seu amor a
renovará, ele se regozijará em você com brados de alegria".
Sofonias 3.17

O acampamento bíblico do qual meu marido partici-
pava quando criança deixou uma ótima impressão na
vida dele. A liderança do campo queria ter crianças
que fossem transformadas pela Palavra de Deus, por
isso, dia após dia, eles realizavam pequenos cultos devocionais pela manhã e à noite.

Jim ainda recorda das palavras de Sofonias 3.17
estampadas em uma placa, pendurada na parte da
frente da capela. Ele leu esses versículos várias vezes,
não percebendo, no entanto, como essa verdade iria se
infiltrar na alma dele.

Quarenta anos mais tarde, ele olha para trás e vê
como Deus tem sido um Salvador poderoso em sua
vida. Ele tem sido acalmado pela certeza tranquila que
vem do Espírito, e tem experimentado o prazer da alegria de Deus!

Pai,
Obrigada pelas muitas maneiras como o Senhor nos fala, como
suas filhas. Que nunca nos esqueçamos de que o Senhor é um Salvador poderoso e que quer ter prazer em nós! Amém.

21 de agosto

Enfrentando nossos gigantes

*"Mas, como o meu servo Calebe tem outro espírito
e me segue com integridade, eu o farei entrar na terra
que foi observar, e seus descendentes a herdarão".*
Números 14.24

Depois de fugir da escravidão do Egito, os israelitas vieram para os arredores de Canaã, a terra que Deus lhes havia prometido. Querendo saber contra quem lutariam e quem seriam seus inimigos, Moisés enviou 12 espias em direção a Canaã.

Os espias relataram que tinham sido intimidados pelos gigantes daquela terra. Dez daqueles homens viam-se como gafanhotos diante do desafio. No entanto, dois deles voltaram acreditando que Deus iria entregar Canaã em suas mãos. Calebe era um deles.

Os dez que não acreditaram no poder de Deus perderam a oportunidade de entrar em Canaã, mas Calebe, quarenta anos mais tarde, entrou na terra prometida como uma recompensa por sua fé. Nós enfrentamos gigantes em nossa vida também. O medo diz: "Eu sou pequena e os gigantes, maiores do que eu." A fé diz: "Eu sou pequena, mas meu Deus é grande."

Pai,
Ao olharmos para o Senhor, por favor, fortaleça-nos para caminharmos pela fé, e não pelo medo. Amém.

22 de agosto

Livre do medo

Busquei o SENHOR, e ele me respondeu;
livrou-me de todos os meus temores.
Salmo 34.4

Em nossas relações com a família e com os amigos, possivelmente nada nos comove mais do que saber que alguém se importa com nossos sentimentos e medos. Se estamos enfrentando temores sobre trabalho, saúde ou relacionamentos, nós nos sentimos fortalecidas e abençoadas quando alguém ouve sobre nossas dificuldades e parece compreender.

Deus está muito acima de qualquer ser humano em sua capacidade de ajudar. Ele não somente entende quando temos medo, como também entende por que tememos. Ele não somente compreende a nossa necessidade de libertação do medo, como é o único que nos oferece a perfeita liberdade.

Seja qual for o nível de nossos medos, seja ele um simples mal-estar ou um intenso pavor, apenas Deus pode nos acalmar e dar a paz que precisamos, livrando-nos do medo e nos libertando por completo.

Senhor,
O medo tem o poder de nos paralisar. Somos gratas porque podemos buscar seu auxílio e poder. Amém.

23 de agosto

Impressionante

*Batei palmas, todos os povos; aclamai a Deus
com voz de triunfo. Porque o SENHOR Altíssimo é tremendo,
e Rei grande sobre toda a terra. (ARA)*
Salmo 47.1-2

É curioso notar como algumas palavras da moda em nossa cultura são, muitas vezes, encontradas na Bíblia. Pense, por exemplo, na palavra "tremendo". Alguns anos atrás, era popular (para alguns, ainda o é) usar essa palavra para descrever um belo pôr do sol, ou quando alguém perguntava sobre algo muito imponente e poderoso e as pessoas prontamente diziam: "Tremendo!"

Embora eu não ouça essa palavra sendo usada tanto ultimamente, a Bíblia a usa com frequência para descrever o próprio Deus. Não há nada comum, mediano ou ordinário em Deus. Ele é incrível e tremendo. Ele é o Senhor, o Altíssimo.

Para qualquer medo ou desafio que você esteja enfrentando hoje, lembre-se de que Deus não é fraco, distante ou impotente. Ele é o Rei tremendo e grande sobre toda a terra.

Pai,
Nós o louvamos porque o Senhor é Altíssimo e tremendo! Amém.

Um sabor de bondade

Como crianças recém-nascidas, desejem de coração o leite
espiritual puro, para que por meio dele cresçam para a salvação,
agora que provaram que o Senhor é bom.
1Pedro 2.2-3

Espaguete da Itália. Frango Xadrez da China. Frango Tandori da Índia. O sabor é um presente delicioso de nosso Criador, que estimula nosso apetite.

Os alimentos doces, como uvas e morangos, têm um sabor gostoso porque nosso corpo requer açúcares e carboidratos. Um pedaço de torta de qualquer sabor feita pela mamãe nos deixa ansiosas por mais! Como é gracioso o nosso Deus! Ele não é um ídolo de pedra para ser apenas contemplado ou uma estátua perante a qual nos curvamos.

Ele é um espírito vivo que pode ser provado, valorizado e experimentado, trazendo-nos felicidade, alegria e satisfação. Experimente o sustento do seu cuidado, que alimenta a alma. À medida que gastamos tempo na leitura da Palavra de Deus, experimentaremos um pouco do sabor de sua bondade.

Senhor,
Quanto mais tempo passamos com a sua Palavra, mais tempo queremos passar com o Senhor. Amém.

Luz para o caminho

*A tua palavra é lâmpada que ilumina os meus passos
e luz que clareia o meu caminho.*
Salmo 119.105

Se você já acampou, é bem provável que tenha se lembrado de levar uma lanterna ou um lampião a gás. Diante da necessidade de levantar para cuidar de um filho pequeno ou mesmo para simplesmente beber um copo de água antes do dia amanhecer, todas nós sabemos o quanto uma lanterna é fundamental num lugar como esse.

Lanternas brilham o suficiente para vermos alguns lugares à frente, ajudando-nos para não tropeçarmos em raízes ou cairmos em buracos, ou até algo pior. A Palavra de Deus faz a mesma coisa. Sem ela, nós nos sentiríamos como se estivéssemos propensas a tropeçar ao longo de uma floresta de perigos e armadilhas.

Ao contrário de um holofote, que ilumina toda uma paisagem, uma lanterna fornece luz suficiente para os próximos passos. E é por isso que precisamos da Palavra de Deus constantemente.

Pai,
O que seria de nós sem a sua Palavra? Obrigada por nos equipar para as aventuras da vida. Amém.

26 de agosto

Propósitos cumpridos

*Misericórdia, ó Deus; misericórdia, pois em ti a minha
alma se refugia. Eu me refugiarei à sombra das tuas asas,
até que passe o perigo. Clamo ao Deus Altíssimo, a Deus,
que para comigo cumpre o seu propósito.*
Salmo 57.1-2

O salmista percebeu que haveria muito a ganhar ao passar tempo com Deus. Proteção era uma dessas coisas, para citar apenas uma. Mas a lista é extensa e inclui cuidado, garantia, certeza, defesa, refúgio, segurança, estabilidade e força. Quem de nós não gostaria de experimentar essas coisas nas lutas diárias que a vida nos proporciona?

Outro benefício que o salmista encontrou em sua relação com Deus foi o propósito. Quanto mais tempo gastamos com Deus lendo a sua Palavra, mais percebemos que ele tem objetivos, intenções, projetos e finalidades para a nossa vida.

Quando olhamos para ele e o seguimos pela fé, o Senhor realiza por completo o seu propósito em nós. Por meio da fé em Deus, a nossa vida vai atingir em cheio o alvo que ele nos estabeleceu.

Pai,
Quando as coisas ao nosso redor desmoronam, nós nos apegamos à garantia de que o Senhor cumprirá seus propósitos em nós. Amém.

27 de agosto

Prova de arrependimento

Deem frutos que mostrem o arrependimento. E não comecem a dizer a si mesmos: "Abraão é nosso pai". Pois eu digo que destas pedras Deus pode fazer surgir filhos a Abraão.
Lucas 3.8

Quando pensamos em palavras populares no mundo atual, como "global", "sustentabilidade", "reciclar", é bem pouco provável que "arrependimento" faça parte dessa lista. Mas essa era a palavra de ordem que veio dos lábios de João Batista, quando ele preparava o caminho para Jesus Cristo.

É uma palavra forte, porque exige mudança. As multidões dos dias de João pareciam mais interessadas na realização de certos rituais do que na mudança de comportamentos nada saudáveis. Como podemos evitar cometer o mesmo erro?

Arrependimento, o verdadeiro arrependimento, pressupõe o reconhecimento de nosso erro, desejando perdão, desejando Deus e mudando de direção. Se comportamentos egoístas em nossa vida não estão mudando, então o verdadeiro arrependimento não está acontecendo. O arrependimento genuíno é comprovado pela maneira como vivemos.

Pai,
Queremos que a nossa vida dê frutos de arrependimento. Amém.

28 de agosto

Preparada para a batalha

Então o SENHOR disse a Josué: "Saiba que entreguei nas suas mãos Jericó, seu rei e seus homens de guerra".
Josué 6.2

Em todo lugar, a história da "batalha de Jericó" é bem conhecida por jovens e velhos. As crianças cantam: "Vem como Josué lutar em Jericó", enquanto os céticos discutem sobre as evidências arqueológicas de sua existência histórica.

Embora existam amplos argumentos e provas materiais para validar o evento, pensar apenas em Jericó nesses termos histórico-arqueológicos pode ofuscar o verdadeiro ponto dessa maravilhosa história. Deus foi aquele que lutou por Josué e pelo povo de Israel.

Não foi por seu próprio poder ou pelos números que ele venceu a batalha. Foi a força de Deus que fez as muralhas caírem e que também parou o sol. E assim acontece em nossa vida à medida que enfrentamos problemas difíceis ou aparentemente intransponíveis. É o poder e a graça de Deus que nos permitem superar toda e qualquer dificuldade.

Senhor,
Livra-nos da noção de que podemos superar os obstáculos da vida com o nosso próprio poder. Ajude-nos a procurar por seu socorro e sua força. Amém.

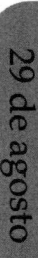

29 de agosto

Ancorada

Para que, por meio de duas coisas imutáveis nas quais é
impossível que Deus minta, sejamos firmemente encorajados,
nós, que nos refugiamos nele para tomar posse da esperança a nós
proposta. Temos esta esperança como âncora da alma, firme
e segura, a qual adentra o santuário interior, por trás do véu.
Hebreus 6.18-19

Para que o capitão de um grande navio consiga ancorar a sua embarcação de forma segura, ele precisa de várias coisas: uma âncora confiável, uma forma de ligar um cabo a partir da âncora do navio, mapas precisos e uma maneira de medir a profundidade da água.

Viver com confiança neste mundo exige coisa semelhante. A Bíblia explica como encontrar uma âncora forte e confiável para a nossa alma: correndo para Deus. Como nos achegamos a ele? Por meio da fé!

E o que dizer dos mapas, como vamos navegar? É aí que a Palavra de Deus entra. Pela Palavra de Deus aprendemos qual direção seguir, bem como quais locais e profundidades devemos evitar. Ela nos guiará pelo caminho que devemos seguir, quando confiarmos de todo o nosso coração na sabedoria de Deus.

Pai,
Em um mundo imprevisível e inconstante, nós lhe agradecemos por ser uma âncora firme. Amém.

Tantos guerreiros?

E o SENHOR disse a Gideão: "Você tem gente demais, para eu entregar Midiã nas suas mãos. A fim de que Israel não se orgulhe contra mim, dizendo que a sua própria força o libertou".
Juízes 7.2

A sabedoria militar convencional ensina o uso de força superior contra os inimigos. Na história da batalha de Gideão contra os exércitos de Midiã, no entanto, Deus tinha um plano muito diferente. A Bíblia explica exatamente o motivo: orgulho!

Se o povo de Israel se levantasse contra algum outro exército apenas com sua própria força, Deus sabia que eles seriam tentados a levar o crédito pela vitória. Assim, ele disse a Gideão que reduzisse o seu exército de mais de 32 mil homens para apenas 300, a fim de lutar contra um exército de 135 mil soldados.

Muitas vezes, tentamos ganhar batalhas com a nossa própria força, deixando de recorrer a Deus por sua ajuda. A grande vitória de Gideão permanece como um lembrete de que, quando Deus nos dá uma tarefa, ele provê todos os recursos necessários para a sua realização.

Senhor,
Obrigada por sua força e vitória que me abençoam dia a dia.
Amém.

31 de agosto

Setembro

Segurança

Mas eu cantarei louvores à tua força, de manhã
louvarei a tua fidelidade; pois tu és o meu alto refúgio,
abrigo seguro nos tempos difíceis.
Salmo 59.16

Pense em um lugar onde você se sinta segura e protegida. Algumas de vocês podem pensar imediatamente na casa em que viveram na infância. Talvez, outras pensem na imagem de um lago tranquilo ou numa praia sossegada, onde se possa sentar e ler.

A língua alemã tem uma palavra para tal lugar: *geborgenheit*. É um lugar de proteção ou de segurança. Neste mundo de estresse, dificuldades e até mesmo de desespero, o próprio Deus se ofereceu para ser o nosso *geborgenheit*: o nosso lugar de abrigo, refúgio e segurança.

Encontre um local tranquilo hoje, onde você possa conversar com Deus sobre os seus desafios. Diga-lhe exatamente como você está se sentindo, porque ele se importa com a sua vida. E agradeça por ele ter prometido ser o seu lugar seguro.

Pai,
Obrigada porque, mesmo em meio ao sofrimento, podemos encontrar a nosso segurança em Deus. Amém.

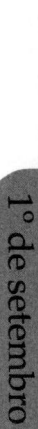

1º de setembro

Pertencer

Todos vocês são filhos de Deus mediante a fé em Cristo Jesus,
pois os que em Cristo foram batizados, de Cristo se revestiram.
Não há judeu nem grego, escravo nem livre, homem nem mulher;
pois todos são um em Cristo Jesus. E, se vocês são de Cristo, são
descendência de Abraão e herdeiros segundo a promessa.
Gálatas 3.26-29

Quando descobri que havia sido aprovada para a final seletiva do grupo musical da escola, fiquei em êxtase. A única coisa melhor do que fazer parte desse grupo tão disputado era o fato de que eu teria de vestir o uniforme do grupo para ir à escola toda sexta-feira.

O sentimento de pertencimento que eu sentia era palpável. Embora já não use o meu uniforme há muitos anos, não perdi a minha necessidade de pertencer a algo maior, que me faça sentir bem e que torne tudo mais especial. Felizmente, essa necessidade é satisfeita diariamente por meio do meu relacionamento com Jesus.

Quando colocamos nossa fé em Cristo, nós nos tornamos filhas de Deus. Como suas filhas, recebemos do seu Espírito, que gera em nós uma sensação de que pertencemos a algo maior, não apenas agora, mas para sempre.

Pai,
Somos gratas pelo privilégio de pertencer ao Senhor. Amém.

2 de setembro

O que Deus pede

E agora, ó Israel, que é que o SENHOR seu Deus pede de você, senão que tema o SENHOR, o seu Deus, que ande em todos os seus caminhos, que o ame e que sirva ao SENHOR, ao seu Deus, de todo o seu coração e de toda a sua alma.

Deuteronômio 10.12

A vida é cheia de exigências. Para abrir uma conta corrente em um banco, somos obrigadas a manter uma certa quantidade de dinheiro na conta, além de pagar tarifas mensais de manutenção.

Quando vamos fazer um voo internacional, somos obrigadas a mostrar o passaporte, além do visto ao chegar a outro país. Escolas exigem certidões de nascimento antes que as crianças possam ser matriculadas para as aulas.

Deus tem exigências também. O que ele pede de nós é a nossa reverência, além do desejo de agradá-lo, amá-lo, servi-lo e obedecer-lhe.

Os requisitos de Deus são proveitosos, porque eles não têm nada a ver com normas a serem cumpridas. Eles focam os desejos do nosso coração e estão lá para o nosso próprio bem.

Pai,
Que possamos amá-lo e lhe obedecer com o coração grato.
Amém.

3 de setembro

Teste de sabor

Provem e vejam como o SENHOR é bom.
Como é feliz o homem que nele se refugia!
Salmo 34.8

Quando recebo amigos em casa para um jantar e preparo o meu prato favorito, eles costumam dizer: "Está delicioso!" Logo após comerem, não é incomum que, sem cerimônia, repitam a dose.

Não é curioso que a Bíblia diga que podemos provar Deus? Em vez de pegar um garfo, pegamos sua Palavra e descobrimos como ele é tremendo. E quando vemos como ele é maravilhoso e começamos a nos nutrir diretamente dele, nosso apetite aumenta e queremos passar mais tempo provando do seu sabor por meio da leitura da sua Palavra e da comunhão da oração.

Assim como uma deliciosa refeição traz alegria para aquele que está à mesa, o "sabor" de Deus traz alegria ao nosso coração.

Pai,
Obrigada pelo sabor da sua bondade a cada dia. Amém.

4 de setembro

Trazendo pessoas a Jesus

Jesus saiu dali e foi para a beira do mar da Galileia. Depois subiu a um monte e se assentou. Uma grande multidão dirigiu-se a ele, levando-lhe os mancos, os aleijados, os cegos, os mudos e muitos outros, e os colocaram aos seus pés; e ele os curou.
Mateus 15.29-30

É importante notar os tipos de pessoas que a multidão levava até Jesus. Não era o rico, o poderoso ou o saudável. A multidão levava pessoas necessitadas a Jesus. Pessoas incapacitadas de andar, de falar ou de ver.

À medida que seguimos Cristo, também temos a oportunidade de levar pessoas a ele. Cada uma de nós sabe de amigos ou membros da família que estão sofrendo, seja física, espiritual ou emocionalmente.

Podemos orar com eles e contar-lhes o que Cristo fez por nós. Quem estamos levando até Cristo?

Pai,
Obrigada pelo cuidado que o Senhor nos tem mostrado em nossos tempos de necessidade. Queremos que os outros também experimentem esse cuidado. Amém.

5 de setembro

Um jardim privado

Você é um jardim fechado, minha irmã, minha noiva;
você é uma nascente fechada, uma fonte selada.
Cântico dos Cânticos 4.12

Há pouco tempo, antes de uma recente viagem a Londres, eu disse a minha amiga Julie que meu marido e eu gostaríamos de ficar perto do Kensington Park. "Se você tiver tempo", disse Julie, "visite o jardim privado do Kensington Park".

Diante disso, meu marido e eu visitamos o jardim privado sugerido em um passeio feito pelo parque numa tarde de domingo. Flores coloridas e exuberantes, fontes borbulhantes e cercas vivas maravilhosas rodeavam essa área privada muito bem cultivada.

Um jardim privado é uma imagem que Cântico dos Cânticos usa para retratar a íntima relação entre um marido e sua esposa. Jardins privados são isolados, ocultos e especiais. Assim é a relação íntima entre um casal. Para aquelas de nós que são casadas, é importante refletir sobre como estamos cuidando e protegendo nossos jardins privados.

Pai,
Agradecemos-lhe pelas imagens da sua Palavra que nos ajudam a compreender o quão exclusivo é um relacionamento conjugal. Ajude-nos a protegê-lo com sabedoria. Amém.

Subsídios de Deus

Tu me farás conhecer a vereda da vida, a alegria plena da tua presença, eterno prazer à tua direita.
Salmo 16.11

Todos os anos, nos Estados Unidos, cerca de 350 bilhões de dólares em subsídios são distribuídos para vários cidadãos norte-americanos. Doados pelo governo, fundações privadas ou empresas, os subsídios proporcionam às pessoas educação, negócios e oportunidades de moradia que seriam difíceis de conseguir de outra forma.

Para estar apto a solicitar um subsídio, é necessário ser cidadão americano e contribuinte. Também precisa preencher formulários detalhados e extensos. É consolador saber que os subsídios de Deus não necessitam de processos administrativos nem de tantos formulários e que pessoas de qualquer país podem se aproximar deles.

Quando entramos em um relacionamento com Deus pela fé em Jesus Cristo, ele nos concede a alegria de sua presença e o prazer de viver com ele para sempre – tudo isso acontece enquanto ele nos aponta o caminho da vida!

Pai,
O Senhor é tão generoso! Somos gratas porque seu amparo está disponível para todos. Amém.

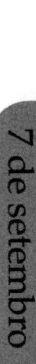

7 de setembro

Ele entende

Jesus bradou em alta voz: "Pai, nas tuas mãos entrego
o meu espírito". Tendo dito isso, expirou.
Lucas 23.46

Por isso mesmo, aqueles que sofrem de acordo
com a vontade de Deus devem confiar suas vidas
ao seu fiel Criador e praticar o bem.
1Pedro 4.19

Quando experimentamos a dor e o sofrimento por algo que não achamos ser "justo", quem tem o poder de nos consolar? Ninguém entende a dor, a angústia ou o tratamento injusto mais do que Jesus.

Em seus momentos de agonia na cruz, enquanto morria pelos nossos pecados, Jesus confiou sua vida a Deus. Ele é solidário a nossa dor porque sabe o que é sofrer.

Além disso, Jesus também nos deixou instruções sobre como lidar com o sofrimento. Por intermédio de Pedro, ele nos encorajou a continuar fazendo o que é certo e a confiar a nossa vida ao Deus que nos criou. A melhor parte de seu incentivo é a sua promessa. Ele nunca falhará.

Pai,
Obrigada por compreender a nossa dor. A nossa confiança está posta unicamente no Senhor. Amém.

8 de setembro

Deus ainda guia

Quem entre os deuses é semelhante a ti, SENHOR?
Quem é semelhante a ti? Majestoso em santidade, terrível em
feitos gloriosos, autor de maravilhas? Estendes a tua mão
direita e a terra os engole. Com o teu amor conduzes o povo que
resgataste; com a tua força tu o levas à tua santa habitação.
Êxodo 15.11-13

Se você gosta de esportes, deve se lembrar de algum jogo que foi marcado por uma virada espetacular nos instantes finais. Eventos assim costumam ser tão emocionantes que, nos dias que os sucedem, parecem ser o único assunto entre as pessoas.

Apesar de milênios terem se passado desde que Deus abriu o mar Vermelho, toda a maravilha desse episódio sobrenatural e indescritível não diminuiu. Isso é maravilhoso, porque precisamos de algo que nos lembre periodicamente da grandeza e da glória de Deus, especialmente em tempos quando nos deparamos com eventos perturbadores em nossa vida.

Deus ainda conduz o seu povo com amor infalível. Ele ainda redime. Ele ainda guia seu povo com poder. Não há ninguém como Deus.

Pai,
Também queremos ser conduzidas pelo seu amor infalível.
Amém.

9 de setembro

Caminhos para a sabedoria

"Visto que desprezaram o conhecimento e recusaram o temor do SENHOR, não quiseram aceitar o meu conselho e fizeram pouco caso da minha advertência, (...) pois a inconstância dos inexperientes os matará, e a falsa segurança dos tolos os destruirá; mas quem me ouvir viverá em segurança e estará tranquilo, sem temer nenhum mal".

Provérbios 1.29-30, 32-33

Vá a qualquer livraria, e você vai encontrar livros com títulos como *Quatro hábitos para ajudá-lo a ter sucesso na vida*. Esses versículos de Provérbios poderiam dar origem a um livro como esse.

Ele pode ser intitulado *Três passos para o conhecimento e três passos para a tolice*. Quer saber qual o caminho para a sabedoria? Temer a Deus, prestar atenção à correção e ouvir a voz da sabedoria. E o caminho para a tolice? Odiar o conhecimento, rejeitar o conselho e a correção e ser complacente.

Viver de maneira insensata é destruição. Viver uma vida sábia nos deixa despreocupadas do medo de algum dano. A escolha depende de nós.

Pai,
Sua Palavra está cheia de princípios e verdades que nos apontam para uma vida sábia. Por favor, ajude-nos a segui-las. Amém.

10 de setembro

Vida nova

*Consequentemente, assim como uma só transgressão resultou
na condenação de todos os homens, assim também um só ato de
justiça resultou na justificação que traz vida a todos os homens.
Logo, assim como por meio da desobediência de um só homem
muitos foram feitos pecadores, assim também, por meio da
obediência de um único homem muitos serão feitos justos.*
Romanos 5.18-19

É curioso como falamos tão pouco sobre o pecado, já que todas nós nascemos com a tendência de praticá-lo. Voltando no tempo, à vida do nosso primeiro pai, descobrimos que a desobediência de Adão a Deus é a razão pela qual cada uma de nós lida com o pecado agora.

Uma das razões para não falarmos muito sobre o pecado é porque ele trouxe consigo a morte, e morte é uma má notícia. Mas Cristo trouxe boas notícias. Quando morreu pelos nossos pecados e ressuscitou, ele nos tornou possível viver em retidão para sempre, por meio da fé nele.

A escolha é nossa. Podemos ficar na sombra de Adão e de seu pecado ou podemos caminhar na luz de Cristo e da sua justiça. Quem vamos seguir?

Jesus,
Somos gratas porque podemos ter uma nova vida por intermédio do Senhor. Amém.

11 de setembro

Leitura, escrita e... obediência

Quando subir ao trono do seu reino, mandará fazer num rolo, uma cópia da lei, que está aos cuidados dos sacerdotes levitas para o seu próprio uso. Trará sempre essa cópia consigo e terá que lê-la todos os dias da sua vida, para que aprenda a temer o SENHOR, o seu Deus, e a cumprir fielmente todas as palavras desta lei, e todos estes decretos. Isso fará que ele não se considere superior aos seus irmãos israelitas e que não se desvie da lei, nem para a direita, nem para a esquerda. Assim prolongará o seu reinado sobre Israel, bem como o dos seus descendentes.

Deuteronômio 17.18-20

Quando eu ainda estava na escola, os três maiores princípios da educação eram, às vezes, mencionados como "leitura, escrita e aritmética". Quando Moisés falou aos filhos de Israel sobre educar seus líderes, os três princípios que ele abordou foram a leitura, a escrita e... a obediência.

A parte mais importante da formação de um líder deveria ser a instrução vinda da Palavra de Deus. Antigamente, um líder tinha que copiar as palavras das Escrituras à mão, uma de cada vez, por si mesmo! Então, tinha que ler todos os dias o que estava nela e obedecer a isso.

Isso, segundo Moisés, impediria os líderes de se tornarem orgulhosos e de se afastarem de Deus. Dedicar diariamente tempo à Palavra de Deus fará o mesmo por nós.

Pai,
 Agradecemos-lhe por sua Palavra estar sempre disponível a nós. Que possamos lê-la e obedecer a ela. Amém.

12 de setembro

Cercada

Muitas são as dores dos ímpios, mas a bondade do
SENHOR protege quem nele confia. Alegrem-se no
SENHOR e exultem, vocês que são justos! Cantem de
alegria, todos vocês que são retos de coração!
Salmo 32.10-11

Se você visitar a ilha caribenha de Aruba, localizada a cerca de 25 quilômetros ao norte da Venezuela, os habitantes locais recomendarão que experimente mergulhar para conhecer as belezas daquele mar. Ao mergulhar em Arashi, por exemplo, você estará cercada por peixes-papagaio e peixes-anjo.

Se você explorar os destroços do *Antilla*, um grande cargueiro alemão de aproximadamente 120 metros, que naufragou em 1945, as lagostas e os peixinhos coloridos irão nadar à sua volta. Estar cercada por essas criaturas maravilhosas que Deus fez é uma experiência de tirar o fôlego.

Deus nos garante que, quando confiamos nele, estamos cercadas pelo seu amor infalível. Não precisamos de um mergulho para experimentar isso. Podemos confiar em Deus e ver o seu amor nos envolver em todo e qualquer lugar do mundo.

Pai,
Somos gratas porque seu amor infalível nos envolve. Amém.

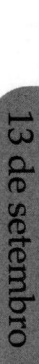
13 de setembro

Mostrando cuidado

"Pois eu tive fome, e vocês me deram de comer; tive sede, e vocês me deram de beber; fui estrangeiro, e vocês me acolheram; necessitei de roupas, e vocês me vestiram; estive enfermo, e vocês cuidaram de mim; estive preso, e vocês me visitaram".

Mateus 25.35-36

Alimentar uma criança com fome. Ser hospitaleiro com um desconhecido. Oferecer roupas a um morador de rua. Cuidar de um paciente com câncer. Visitar um preso.

Cada uma dessas ações mostram o cuidado com pessoas. Cada uma dessas ações, disse Jesus, revelam que nos preocupamos com o Reino de Deus. Eles são o tipo de atitude que o Espírito de Deus nos pede que realizemos quando nos arrependemos dos nossos pecados e colocamos a nossa confiança em Cristo.

Quando queremos demonstrar o nosso amor por Deus, fazemos isso mostrando amor à família, aos amigos e aos estranhos. O amor que temos por Deus se evidencia na forma como tratamos as pessoas ao nosso redor.

Pai,
Nós confessamos que em alguns momentos fomos insensíveis às necessidades daqueles que nos rodeiam. Por favor, ajude-nos a honrar o seu nome, demonstrando cuidado e amor pelos outros. Amém.

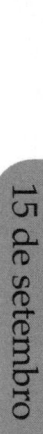

Conosco

*E Deus falou a Israel por meio de uma visão noturna:
"Jacó! Jacó!""Eis-me aqui", respondeu ele. "Eu sou Deus,
o Deus de seu pai", disse ele. "Não tenha medo de descer
ao Egito, porque lá farei de você uma grande nação.
Eu mesmo descerei ao Egito com você e certamente o trarei
de volta. E a mão de José fechará os seus olhos".*
Gênesis 46.2-4

É curioso que Jacó, que no início de sua vida era "ca-seiro", acabou se tornando um viajante pelo mundo da época. Não que ele quisesse isso. Depois de ter enganado o próprio irmão Esaú e de ter roubado a primogenitura dele, Jacó fugiu para Harã, a primeira de muitas viagens que ele faria durante a sua vida.

A última viagem de sua vida o levou ao Egito, para o reencontro com seu filho José, que ele pensava estar morto. "Não tenha medo de ir", disse Deus ao "caseiro" Jacó, "eu estarei com você".

Que nova experiência ou desafio a está movendo para fora de sua zona de conforto? Leve seus medos a Deus e confie nele para ajudá-la a passar por eles. Ele esteve com Jacó, e certamente estará com você.

Pai,
Em nossas idas e vindas, nós lhe agradecemos pela certeza de que o Senhor está sempre conosco. Amém.

15 de setembro

Deus se preocupa com os sentimentos

O SENHOR está perto dos que têm o coração
quebrantado e salva os de espírito abatido.
Salmo 34.18

Não há passagem na Bíblia que diga que eu tenha de seguir algumas instruções para parar de chorar, ignorar os meus sentimentos ou fingir que está tudo bem quando, na realidade, não está. Pelo contrário, regularmente me deparo com personagens como José, Rute, Ana e Davi, que expressaram seus sentimentos e com os quais eu me identifico.

Quando o salmista declara que Deus está perto de pessoas que estão inconsoláveis, ele não está se referindo a pessoas que estão levemente tristes. Pessoas com o coração ferido muitas vezes se sentem devastadas ou até, talvez, desesperadas. E aquelas que se sentem oprimidas? Isso tudo descreve como nos sentimos quando o nosso espírito é oprimido, humilhado ou atribulado. Sou profundamente grata a Deus, pois ele não considera os sentimentos mais profundos do nosso coração como algo incômodo, pelo contrário, ele está sempre pronto para nos ajudar.

Deus,
Obrigada por não se afastar de nós quando nos sentimos esmagadas. Somos gratas porque temos a segurança de recorrer ao Senhor, porque ninguém se preocupa conosco como o Senhor. Amém.

Adotada

*Em amor nos predestinou para sermos adotados como
filhos, por meio de Jesus Cristo, conforme o bom propósito
da sua vontade, para o louvor da sua gloriosa graça,
a qual nos deu gratuitamente no Amado.*

Efésios 1.5-6

Os amorosos pais de nossa querida nora, Brit, adotaram-na quando ela ainda era uma criança na Colômbia. Seus pais diziam, com brilho nos olhos, que "Ela foi difícil de adotar, difícil de educar e difícil de deixar sair de casa para se casar!"

A adoção é uma aventura custosa, demorada e desafiadora. Na Bíblia, o conceito de adoção tem um grande significado, porque se refere a uma das maiores bênçãos que recebemos de nosso Pai Celestial.

Espiritualmente falando, o Senhor nos transfere da família da desobediência para a família de Deus, mas não há dinheiro ou esforço envolvido nesse processo.

Por meio do amor redentor de Jesus Cristo, somos trazidas para a família de Deus e nos tornamos suas filhas.

Deus amoroso,
Alguns pais têm viajado para outros países a fim de adotar crianças. O Senhor foi para a cruz voluntariamente para nos adotar. Nós o louvamos por esse amor incrível. Amém.

17 de setembro

A aparição gloriosa

Os sacerdotes não conseguiam entrar no templo
do SENHOR, porque a glória do SENHOR o enchia.
2Crônicas 7.2

O magnífico templo que Salomão construiu era proeminentemente localizado no ponto mais alto de Jerusalém. Adoradores viajavam até lá para fazer seus sacrifícios e se encontrar com Deus.

A parte mais dramática da dedicação do templo era o momento em que o fogo brilhante descia do céu e o aparecimento da glória do Senhor enchia o templo! Hoje, já não precisamos de um templo ao qual temos que ir para nos encontrar com Deus. Essa necessidade foi extinta após a morte e ressurreição de Jesus.

Agora, o Espírito de Deus vem habitar em nós pela fé, e nos tornamos o templo de Deus. O caráter e as obras de Deus podem ser vistos em nós! E é por essa razão que Deus nos pede que cuidemos do seu templo.

Senhor,
Ajude-me a tomar muito cuidado com o seu templo, mantendo-o limpo e bonito. Quero que os outros vejam sua gloriosa presença em minha vida. Em nome de Jesus. Amém.

18 de setembro

Fé inabalável

*Peça-a, porém, com fé, sem duvidar, pois aquele que duvida é
semelhante à onda do mar, levada e agitada pelo vento.*
Tiago 1.6

Uma coisa que a minha família gosta de fazer quando
saímos de férias no verão para uma cidade de praia é
"pegar" ondas. Os dias com vento tornam tudo isso
particularmente mais divertido. As ondas são imprevisíveis porque o vento muda constantemente.

Enquanto ondas imprevisíveis podem proporcio-
nar diversão para quem gosta de praia, uma fé imprevisível pode causar muita ansiedade. Viver com
um coração dividido nos torna tremendamente agi-
tadas, desequilibradas e instáveis, como uma onda
no mar.

Se queremos evitar uma vida indecisa, é bom pedir a
Deus sua sabedoria e depositar a nossa fé somente nele.

Pai,
Uma vida instável não é divertida como pode parecer. Queremos
viver com uma fé inabalável em Cristo. Amém.

19 de setembro

Veja com os seus próprios olhos

Ai daquele que diz à madeira: "Desperte! Ou à pedra sem vida: Acorde!" Poderá isso dar orientação? Está coberta de ouro e prata, mas não respira. Mas o SENHOR está em seu santo templo; diante dele fique em silêncio toda a terra.

Habacuque 2.19-20

É estranho que gastemos tanto tempo perseguindo algo que não pode nos ajudar nem nos dar alguma resposta. Os ídolos, que comumente são coisas ou pessoas que recebem a adoração que só é devida a Deus, foram flagrantes nos dias de Moisés e de Elias.

Hoje, os ídolos podem não parecer tão óbvios. Eles tendem a se parecer mais com empregos, carros, casas e imoralidade sexual. Ídolos não têm fôlego, mas o Deus Todo-poderoso soprou e o mundo veio à existência, simplesmente fôlego divino. Ídolos não têm vida, mas só o Deus Eterno dá a vida eterna e abundante. Ídolos não têm ouvidos para nos ouvir quando nosso coração está ferido e abatido, mas Deus nos escuta e nos consola com sua Palavra e seu Espírito.

Ao contrário dos ídolos, Deus é real e poderoso. À medida que lemos a sua Palavra, vemos isso com os nossos próprios olhos.

Deus Todo-poderoso,
Que possamos acalmar nosso coração diante do Senhor, que é aquele que sempre nos ajuda. Amém.

20 de setembro

Deus vai ajudar

Disse-lhe o SENHOR: "Quem deu boca ao homem?
Quem o fez surdo ou mudo? Quem lhe concede vista ou
o torna cego? Não sou eu, o SENHOR? Agora, pois, vá;
eu estarei com você, ensinando-lhe o que dizer".
Êxodo 4.11-12

A hesitação e a insegurança de Moisés eram com-
preensíveis. Deus queria que ele fosse visitar o rei
do Egito, para declarar a libertação do povo hebreu do
cativeiro e levá-lo para fora daquele país.

Vendo a maneira como Deus lidou com os temores
e as inseguranças, Moisés pode ser muito útil para nós,
porque temos as nossas próprias dificuldades. Deus
não tranquilizou Moisés, dizendo que ele era tremendamente capaz. O que ele fez foi assegurar a Moisés de
que o estaria acompanhando em todo o tempo.

Deus não se concentrou em qual seria a tarefa. Ele
focou apenas em quem executaria: Ele mesmo! E prometeu a Moisés que estaria com ele e que iria instruí-lo.
Esse Deus, que prometeu estar com Moisés, prometeu
também estar com cada uma de nós, diariamente.

Deus,
O Senhor é totalmente confiável. Por favor, ajude-nos a descansar
em suas promessas. Amém.

21 de setembro

Oportunidades para crescimento

Meus irmãos, considerem motivo de grande alegria o fato de passarem por diversas provações, pois vocês sabem que a prova da sua fé produz perseverança. E a perseverança deve ter ação completa, a fim de que vocês sejam maduros e íntegros, sem que falte a vocês coisa alguma.

Tiago 1.2-4

"Pense nisso como uma aventura." Essa é uma frase que meu marido e eu, às vezes, falamos quando as coisas estão dando errado. Quer se trate de um pneu furado, de um problema no encanamento hidráulico da casa ou de um voo atrasado, em nossos melhores momentos tentamos encontrar alguma possibilidade de humor em meio ao problema.

Apesar disso, nem sempre reagimos positivamente aos desafios. Alguns eventos testam a nossa fé e perseverança. É real o fato de Tiago nos lembrar de que não é uma questão de saber se os problemas podem ou não estar a caminho, mas apenas uma questão de quando eles acontecerão.

Todo problema é uma oportunidade de crescimento do caráter. Felizmente, Deus não está distante de nós em nossos problemas. Ele está conosco, e sempre nos ajudará. Durante nossas provações, ele irá nos fortalecer para perseverarmos.

Pai,
Às vezes a nossa resistência diminui. Por favor, fortaleça-nos e nos encoraje. Amém.

22 de setembro

Amor e preocupação de Deus

E eles creram. Quando o povo soube que o
SENHOR decidira vir em seu auxílio, tendo visto
a sua opressão, curvou-se em adoração.
Êxodo 4.31

Antes do grande Êxodo, quando Moisés liderou e libertou o povo hebreu da escravidão do Egito, o que foi necessário acontecer para convencer o povo de Israel de que Deus estava preocupado com eles? A mesma coisa que muitas vezes precisa acontecer conosco: um milagre!

Na verdade, Deus lhes apresentou vários milagres. Ele transformou a vara que estava na mão de Moisés em uma cobra e depois a transformou de volta em uma vara. Fez uma das mãos de Moisés ficar leprosa, e instantaneamente a curou. Deus deu a seu povo milagres para lhe assegurar que se preocupava com ele.

Ele fez o mesmo por nós. Enviou seu Filho Jesus, sem pecado algum, para viver na terra, morrer por nossos pecados e ressuscitar para vencer o pecado e a morte. Se esse milagre não conseguir nos convencer do grande amor de Deus e de seu cuidado para conosco, dificilmente outra atitude vai conseguir.

Pai,
Somente o Senhor iria tão longe para nos mostrar tamanho amor. Nós lhe agradecemos e o louvamos. Amém.

23 de setembro

100% confiável

Mediante a palavra do SENHOR foram feitos os céus,
e os corpos celestes, pelo sopro de sua boca. Ele ajunta as águas
do mar num só lugar; das profundezas faz reservatórios.
Salmo 33.6-7

Você já marcou dia, horário e local para tomar café com alguém... e simplesmente esqueceu de aparecer? É uma experiência vergonhosa, não? Prefiro ser a pessoa que espera a ser aquela que se esquece.

Por mais que eu me esforce para ser uma pessoa confiável, percebo que deste lado do céu, ninguém, exceto Deus, é 100% capaz de ser confiável. Deus é fiel. Ele é imutável. O Senhor é digno de confiança.

Apenas o Deus que, do nada, deu ordem ao céu para existir fez surgir as estrelas com uma simples ordem de seus lábios e estabeleceu limites para os mares é alguém em quem posso realmente confiar. É maravilhoso perceber que o Criador e Sustentador do Universo é totalmente confiável.

Deus,
Ficamos admiradas só de pensar que podemos ter um relacionamento com o Senhor, o Criador do universo! Amém.

24 de setembro

Defenda a fé

*Amados, embora estivesse muito ansioso para escrever
a vocês acerca da salvação que compartilhamos, senti
que era necessário escrever insistindo que batalhassem
pela fé uma vez por todas confiada aos santos.*

Judas 1.3

Nos jogos de basquete, muitas vezes ouvimos a palavra "defesa" ser cantada e repetida inúmeras vezes pelos líderes de torcida, que ficam na lateral da quadra. No penúltimo livro da Bíblia, no entanto, o líder da torcida era Judas, e seu apelo às pessoas para a unidade na batalha foi surpreendentemente sóbrio.

No final de tudo, Judas lembrou os seus leitores, e isso nos inclui, de que o que acreditamos sobre Deus determina a maneira como vivemos. E o que acreditamos sobre Deus depende do que sabemos acerca da sua Palavra.

A verdade de Deus nos aponta para Jesus ao mesmo tempo que nos defende dos falsos ensinamentos que poderiam entrar em nossa mente e nos atrapalhar. A nossa defesa é a Bíblia, que nos ajuda a não nos afastarmos de Cristo.

Pai,
Não podemos nos desviar da sua Palavra, porque ela nos aponta para Cristo. Amém.

25 de setembro

Determinado

*No dia primeiro do primeiro mês ele saiu da Babilônia, e
chegou a Jerusalém no primeiro dia do quinto mês, porquanto a
boa mão de seu Deus estava sobre ele. Pois Esdras tinha decidido
dedicar-se a estudar a Lei do SENHOR e a praticá-la, e a
ensinar os seus decretos e mandamentos aos israelitas.*

Esdras 7.9-10

Quando pensamos em personagens bíblicos que demonstraram seu compromisso com Deus, logo nos vêm à mente Abraão, João Batista e Paulo. No entanto, não somos tão rápidos, porém, para lembrar de Esdras.

Profeta poderoso e fiel, Esdras ensinou o povo de Deus por meio de suas palavras e de sua vida. Deus usou a vida desse homem para liderar um grupo de exilados da Babilônia indo para Jerusalém. Na época, Esdras, provavelmente, não estava ciente do impacto que seu ministério teria em sua nação.

A chave para a eficiência de Esdras era o seu compromisso com a Palavra de Deus. Ele a estudou fielmente, e estava sempre determinado a obedecer a ela. Quando estamos comprometidas em estudar a Palavra de Deus e obedecer a ela, não há limites para a forma como Deus pode nos usar.

Pai,
Obrigada por sua graciosa mão sobre nossa vida. Que possamos fielmente estudar a sua Palavra e obedecer a ela. Amém.

26 de setembro

Lições de uma pomba

Assim que saiu da água, Jesus viu os céus se abrindo e
o Espírito descendo como pomba sobre ele.
Marcos 1.10

Pombas aparecem no início da Bíblia, enfeitando suas páginas com tarefas importantes. Em Gênesis, Noé enviou uma pomba para ver se havia alguma terra seca. Em Levítico, o povo de Israel trouxe pombas como oferta ao Senhor.

Pombas são aves suaves que fazem pequenos gemidos, acariciam um ao outro e possuem apenas um companheiro para a vida. Elas são indefesas, e não resistem nem mesmo quando os seus filhotes são atacados.

Quando Jesus saiu da água logo após João tê-lo batizado, o Espírito de Deus desceu sobre ele na forma de uma pomba.

Creio que Deus ficaria mais satisfeito se a nossa vida se assemelhasse mais a uma pomba: tocada pelo Espírito, pronta para o sacrifício, humilde, gentil e fiel para sempre servir.

Meu Deus,
O Senhor criou todas as coisas para seu prazer e seu serviço. Ajude-me a aprender algumas lições com as suas criaturas, principalmente com as humildes pombas. Amém.

27 de setembro

Glória como o mar

*Mas a terra se encherá do conhecimento da glória
do SENHOR, como as águas enchem o mar.*
Habacuque 2.14

Quando viajo de Londres para Chicago, uma boa parte das oito horas de voo é gasta sobre o oceano Atlântico. Ele parece uma grande lagoa.

No Antigo Testamento, o profeta Habacuque compara a glória de Deus às águas que enchem o mar. A questão que vem à minha mente é: "Quanta água existe no mar?" Na verdade, um monte.

Mais de 1,4 quatrilhão de litros de água pode ser encontrado na terra, e algo em torno de 98% da água da Terra é encontrada nos oceanos!

Se 98% da água de nosso planeta é armazenada nos oceanos e a glória de Deus é comparada à plenitude dos oceanos, quanto tempo gasto para pensar na glória de Deus?

Pai,
Sua glória é surpreendente. Que a comparação feita por Habacuque me inspire a pensar mais na glória do Senhor. Amém.

Deus sabe de tudo

Antes mesmo que a palavra me chegue à língua, tu já a conheces inteiramente, SENHOR. Tu me cercas, por trás e pela frente, e pões a tua mão sobre mim. Tal conhecimento é maravilhoso demais e está além do meu alcance, é tão elevado que não o posso atingir.

Salmo 139.4-6

Deus sabe o que vou dizer antes mesmo que a palavra saia da minha boca. Isso significa que ele também sabe o que eu quase disse. Isso é preocupante.

Às vezes, sinto-me inibida de permitir que as pessoas fiquem perto de mim, porque tenho medo de que não gostem do que possam ver. Mas Deus, que me conhece melhor do que eu mesma me conheço, me aceita e me ama completamente. Isso é consolador.

Pensar que podemos ter um relacionamento pessoal com um Deus que sabe de tudo e está em toda parte ao mesmo tempo, está para além da nossa compreensão humana. Mas nós podemos. Quanto mais o conhecermos, mais vamos querer confiar nele com os nossos pensamentos, nossas preocupações e nossas questões. Afinal, ele já sabe de tudo.

Pai,
O Senhor é maravilhoso demais para o entendermos, e é por isso que o adoramos. Amém.

29 de setembro

Inovações

Por todo o mundo este evangelho vai frutificando e crescendo,
como também ocorre entre vocês, desde o dia em que o ouviram
e entenderam a graça de Deus em toda a sua verdade.
Colossenses 1.6

Uma vez por mês, eu marco uma visita ao salão de beleza que costumo frequentar. Cada vez que Robin corta e tinge meu cabelo, saio com um visual melhor do que estava quando cheguei. Isso porque alguma mudança, de fato, ocorreu em minha aparência.

É refrescante desfrutar de uma mudança temporária, ainda que seja apenas externa. Melhor ainda são a experiência de mudança de vida e a transformação que acontece de dentro para fora. A verdade de Deus produz inovações permanentes.

À medida que invisto tempo em sua Palavra, ele muda as minhas atitudes, meus desejos, pensamentos e comportamentos. Não acontece tudo de uma vez, como em um passe de mágica. Aliás, qualquer mudança de fato duradoura raramente acontece assim. Mas, enquanto buscamos a Palavra de Deus e pedimos ao Espírito Santo que nos ajude, nós nos tornamos menos egocêntricas e mais semelhantes a Cristo.

Pai,
Somos gratas porque a sua Palavra e seu Espírito operam transformações em nós, que nos tornam mais parecidas com Jesus. Amém.

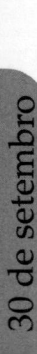

30 de setembro

Outubro

Pensamentos ansiosos

Sonda-me, ó Deus, e conhece o meu coração; prova-me,
e conhece as minhas inquietações. Vê se em minha conduta
algo te ofende e dirige-me pelo caminho eterno.
Salmo 139.23-24

Você já se sentiu ansiosa? Já se sentiu inquieta, nervosa ou com medo? Se, de alguma maneira, você se identifica com os pensamentos ansiosos do salmista, sinta-se encorajada pelo padrão que ele nos deixou para lidarmos com tudo isso.

Peça a Deus que sonde a parte mais íntima e pessoal do seu ser, que é o seu coração. E não pare por aí. Tenha a coragem de pedir a Deus que lhe mostre qualquer coisa ofensiva, indevida, desagradável ou perturbadora que haja em você.

Nossa inclinação natural é ignorar e ocultar essas coisas, mas a nossa vontade de ter mais de Deus chama a atenção para nossas ofensas, porque é o primeiro passo para a saúde mental e espiritual. Finalmente, admita que você precisa de ajuda e peça a Deus que seja o seu pastor. O caminho pelo qual ele vai guiá-la nunca termina, mas os sintomas da ansiedade serão dissipados, com certeza.

Pai,
Derramamos o nosso coração diante do Senhor, sabendo que só o Senhor pode lidar corretamente com a nossa ansiedade. Por favor, ajude-nos a lançar os nossos medos e, ao mesmo tempo, ter os nossos olhos em Deus. Amém.

1º de outubro

A maneira de Deus

Porquanto, ignorando a justiça que vem de Deus e procurando estabelecer a sua própria, não se submeteram à justiça de Deus. Porque o fim da lei é Cristo, para a justificação de todo o que crê.
Romanos 10.3-4

Quando eu era uma jovem estudante, meu pai me deu um sábio conselho: "Ouça com atenção", ele disse, "as expectativas da sua professora. Se concentre no que é mais importante para a sua professora".

Se a minha professora quisesse fazer-me passar o tempo assistindo às suas aulas, mas eu escolhesse, em vez disso, ajudar de alguma forma o diretor, eu estaria estabelecendo a minha própria agenda, não cooperando com a minha professora.

É fácil esquecermos as intenções de Deus para o nosso bem viver. Não será uma enorme quantidade de boas obras ou muito esforço próprio de nossa parte o que nos fará ficar bem com Deus. Quando entendemos que não é pelo nosso esforço que desenvolvemos um relacionamento com o Pai, percebemos o quanto é gracioso quando ele pede que coloquemos a nossa fé na sua justiça.

Pai,
Muito obrigada! Afinal, o relacionamento com o Senhor não depende do que faço, mas do que o Senhor já fez por mim em Cristo. Amém.

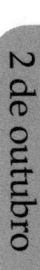

2 de outubro

Pensamentos na direção certa

Finalmente, irmãos, tudo o que for verdadeiro, tudo o que for nobre, tudo o que for correto, tudo o que for puro, tudo o que for amável, tudo o que for de boa fama, se houver algo de excelente ou digno de louvor, pensem nessas coisas.

Filipenses 4.8

O que entra determina o que sai. Isso se aplica às finanças, à educação e à programação de computadores. E é especialmente verdadeiro com relação aos nossos pensamentos. As coisas que pensamos têm influência direta sobre nossas atitudes, palavras e ações.

Os pensamentos se assemelham um pouco ao vento; não podemos ver o vento, mas certamente percebemos seus efeitos. Não podemos medir um pensamento da mesma maneira com que medimos um terremoto, mas os pensamentos podem ser igualmente poderosos, para o bem ou para o mal.

A Bíblia nos instrui de forma maravilhosa sobre os nossos pensamentos. Devemos direcioná-los ou alterá-los para aquilo que é honrado, correto, puro, amável e admirável. Esse tipo de pensamento conduz a resultados saudáveis.

Pai,

Nossos pensamentos voam longe com grande facilidade. Por favor, ajude-nos para que possamos reorientar nossos pensamentos sempre na direção de boas coisas. Amém.

3 de outubro

O grande despertar

Se o meu povo, que se chama pelo meu nome, se humilhar e orar,
buscar a minha face e se afastar dos seus maus caminhos, dos
céus o ouvirei, perdoarei o seu pecado e curarei a sua terra.
2Crônicas 7.14

Em 1857, três homens de Nova York decidiram orar diariamente por um avivamento. Logo, eles se juntaram a dezenas de outros. Em um curto período de tempo, mais de dez mil pessoas se converteram à fé em Jesus Cristo.

Ao longo de oito meses, esse número cresceu para 50 mil, e, passado algum tempo, o avivamento se espalhou para a Irlanda, Escócia, Inglaterra, África do Sul e Índia. E ficou conhecido como "O Grande Avivamento".

O que faz com que Deus desperte pessoas do pecado e se voltem, então, para ele em arrependimento e fé? A mão de Deus é movida por aqueles que humildemente oram, se arrependem e buscam a Deus.

Senhor,
Que eu possa me arrepender de tudo o que o desagrada. Venho ao Senhor buscando seu poder e provisão. Amém.

Ficar com o rebanho

Estejam alertas e vigiem. O Diabo, o inimigo de vocês, anda ao redor como leão, rugindo e procurando a quem possa devorar.
1Pedro 5.8

Talvez você já tenha assistido a algum documentário sobre os leões em seu habitat natural. É impressionante observar a perseguição de um leão à sua presa.

Quando ele está à espreita, que tipo de animal procura para devorar? O escolhido, frequentemente, é um animal que está sozinho, afastado do rebanho. Na família de Deus, pessoas que tentam andar sozinhas, muitas vezes, se tornam vulneráveis ao inimigo de nossa alma.

Deus, em sua sabedoria, concebeu a ideia de nos encorajarmos, apoiarmos e protegermos mutuamente. Quando estamos integradas na família de Deus, encontramos prazer na segurança e na beleza do "rebanho".

Senhor,
Dê-me a sabedoria de valorizar a família que o Senhor idealizou para a minha segurança, para o meu bem-estar e minha alegria.
Amém.

Incontáveis livros

Jesus fez também muitas outras coisas. Se cada uma delas
fosse escrita, penso que nem mesmo no mundo inteiro haveria
espaço suficiente para os livros que seriam escritos.
João 21.25

A Biblioteca Bodleian, em Oxford, funciona desde 1602. Com raízes que remontam ao século XIV, é uma das maiores bibliotecas da Europa — e a depositária de direitos autorais do Reino Unido.

Hoje, esse grupo de bibliotecas gere mais de 8 milhões de itens em quase 190 quilômetros de prateleiras. A vastidão dessa coleção aguça a nossa imaginação. Quando o apóstolo João refletiu sobre as obras de Jesus, ele expressou espanto similar. Seu evangelho continha apenas algumas das histórias dos atos de Jesus na terra.

Embora hoje possamos ter apenas uma pequena noção da vastidão da obra de Cristo, um dia vamos ficar totalmente espantadas quando o virmos face a face e aprendermos tudo sobre o que ele fez.

Senhor,
Obrigada porque sua grande obra inclui conhecer meu coração
e cuidar da minha vida. Ajude-me a viver com essa confiança.
Amém.

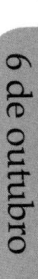

6 de outubro

O prazer de Deus

Não é a força do cavalo que lhe dá satisfação,
nem é a agilidade do homem que lhe agrada; o SENHOR
se agrada dos que o temem, dos que depositam
sua esperança no seu amor leal.
Salmo 147.10-11

Quando Deus a vê, o que mais o agrada em você? O que ele mais gosta de ver em sua vida?

Ainda que tenhamos a tendência de nos orgulhar da força e da capacidade do intelecto, do poder, do dinheiro ou de nossa performance física, não são os nossos "pontos fortes" que encantam Deus. É o temor. "Temor?", você deve estar se perguntando. Sim, temor.

Mas não o tipo de temor que nos faz fugir covardemente de algo. Pelo contrário, é o tipo de reverência saudável que vê Deus pelo que ele é e lhe responde com obediência reverente e afetuosa.

Quando conhecemos o amor infalível de Deus e sua compaixão, nós lhe respondemos com um temor reverente, que nos inunda de esperança e nos lança diretamente em seus braços. Deus se deleita naqueles que o reverenciam.

Pai,
Ajude-nos a mostrar mais reverência ao Senhor do que no trabalho duro tentando ser "forte". Amém.

Multiplicação de sementes

"E quanto à semente que caiu em boa terra, esse é o caso daquele que ouve a palavra e a entende, e dá uma colheita de cem, sessenta e trinta por um".
Mateus 13.23

A visita à fazenda de trigo do meu cunhado me forneceu um contraste nítido do estilo de vida urbano da minha família. Quando chegou a época da colheita, vimos a colheitadeira nos campos reunindo todo o trigo que havia crescido a partir das sementes plantadas.

No tempo do Novo Testamento, Jesus pregou para uma multidão de pessoas que estava familiarizada com a agricultura. Mas nem todos compreenderam o princípio espiritual que Jesus ensinou sobre a Palavra de Deus. Ele queria que soubessem que quando a verdade de Deus chegasse a alguns ouvidos, ela produziria diferentes respostas com base na disponibilidade de cada um dos receptores para aceitar a verdade.

Como Deus fica feliz quando espalhamos a semente de sua Palavra e o solo do coração de uma pessoa produz uma vida abundante de piedade!

Senhor,
Que o meu coração seja um lugar onde a sua Palavra crie raízes, cresça forte e produza uma colheita abundante. Amém.

8 de outubro

Deus dirige a história

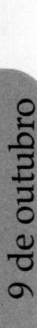

*Assim diz Ciro, rei da Pérsia: "O SENHOR, o Deus dos céus,
deu-me todos os reinos da terra e designou-me para construir
um templo para ele em Jerusalém de Judá. Qualquer do seu povo
que esteja entre vocês, que o seu Deus esteja com ele, e que vá a
Jerusalém de Judá reconstruir o templo do SENHOR, o Deus
de Israel, o Deus que em Jerusalém tem a sua morada.*

Esdras 1.2-3

Depois que o povo judeu passou setenta anos no cativeiro, Deus usou um rei persa, que não o servia, para mandar os judeus de volta à sua terra natal. O rei Ciro ainda os protegeu, dando-lhes dinheiro e materiais para a reconstrução do templo!

Em uma situação que parecia impossível do ponto de vista humano, Deus interveio e usou o coração de um rei estrangeiro para mover o povo judeu para onde ele queria que seu povo fosse. Deus tem trabalhado dessa mesma maneira ao longo de toda a história, e ele continua trabalhando dessa mesma maneira nos dias de hoje.

Que situação em sua vida parece impossível aos seus olhos? Sinta-se encorajada por Provérbios 21.1: "Como ribeiros de águas assim é o coração do rei na mão do SENHOR, que o inclina a todo o seu querer."

Pai,
Nós descansamos na promessa de que o Senhor está sempre nos guiando e orientando nos acontecimentos de nossa vida. Amém.

Não por seus esforços

Porque a palavra da cruz é loucura para os que perecem,
mas para nós, que estamos salvos, é o poder de Deus.
1Coríntios 1.18

"Conquiste tudo pelo seu próprio esforço." Essa é uma expressão comumente usada por pessoas que pensam ter a capacidade de resolver dificuldades e problemas por si mesmas, sem ajuda de ninguém. No mundo dos esportes ou nas empresas, nos livros ou nas palestras motivacionais, variações sobre esse tema estão por toda parte. E isso também se aplica à salvação da alma.

Enquanto cada cultura tem suas próprias adaptações a essa expressão, a ideia é que estamos no controle de tudo o que fazemos, e devemos fazer tudo por conta própria. O Cristianismo é a única entre as religiões do mundo que ensina que somos salvos somente por meio do poder e da ação de Deus.

Essa ideia parece loucura para aqueles que pensam que necessitam vencer sempre com esforços próprios e do seu próprio jeito. Mas, para nós, foi a obra que Jesus Cristo fez na cruz que nos salva, não nossos próprios esforços. Aqueles que confiam nele recebem o seu poder.

Senhor,
Obrigada por não nos deixar sozinhas para resolver o maior de todos os nossos problemas. O Senhor é a nossa única salvação. Amém.

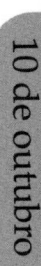

10 de outubro

Deus se importa?

Pois não menosprezou nem repudiou o sofrimento do aflito;
não escondeu dele o rosto, mas ouviu o seu grito de socorro.
Salmo 22.24

Houve algumas vezes em minha vida em que questionei se Deus realmente se importava comigo. Circunstâncias dolorosas, por vezes, levam a tais sentimentos.

Depois de refletir por um tempo, pensei: "A quem mais eu poderia recorrer para obter sabedoria, conforto e orientação? Aonde mais eu poderia buscar?" Então, olhei para a Palavra de Deus.

Lá, notei que ele não ignorou Ana. Escutou o clamor dos salmistas. Livrou Daniel da cova dos leões. Como ele foi sempre fiel a eles, vou confiar a ele minha vida também.

Se está questionando se Deus cuida de você, olhe para a vida daqueles que já passaram por lutas e crises antes de você. Nossas dúvidas e perguntas não tornam Deus menos fiel.

Pai,
Somos gratas pelos exemplos da sua fidelidade na vida de outras pessoas. Queremos confiar no Senhor também. Amém.

11 de outubro

O primeiro passo

Zorobabel, filho de Sealtiel, o sumo sacerdote Josué, filho de Jeozadaque, e todo o restante do povo obedeceram à voz do SENHOR, o seu Deus, por causa das palavras do profeta Ageu, a quem o SENHOR, o seu Deus, enviara. E o povo temeu o SENHOR. (...) Assim o SENHOR encorajou o governador de Judá, Zorobabel, filho de Sealtiel, o sumo sacerdote Josué, filho de Jeozadaque, e todo o restante do povo, e eles começaram a trabalhar no templo do SENHOR dos Exércitos, o seu Deus.

Ageu 1.12, 14

A obediência a Deus começa com um primeiro passo. No pequeno livro do profeta Ageu, a principal mensagem era "Reconstruam o templo!"

Por 16 anos, o remanescente do povo judeu que retornara da Palestina havia deixado o trabalho incompleto. O profeta Ageu exortou o povo para começar a trabalhar!

Quando deram o primeiro passo, Deus os abençoou. Ele inspirou o coração deles com entusiasmo para que continuassem fazendo a obra.

Existe alguma área da sua vida em que a obediência a Deus não está sendo observada? Comece a obedecer desde já, e veja Deus agindo no despertamento do seu entusiasmo e abençoando seus caminhos.

Pai,
Confessamos que obedecer nem sempre é fácil. Dê-nos força para o primeiro passo e entusiasmo para continuar caminhando. Amém.

A construção da Igreja

*Conforme a graça de Deus que me foi concedida, eu,
como sábio construtor, lancei o alicerce, e outro está
construindo sobre ele. Contudo, veja cada um como constrói.
Porque ninguém pode colocar outro alicerce além
do que já está posto, que é Jesus Cristo.*
1Coríntios 3.10-11

A exuberante Catedral de São Paulo ocupa lugar de destaque no centro de Londres. Desenhada por Sir Christopher Wren, as obras de construção da catedral foram iniciadas em 1675 e levaram 35 anos para ser concluídas. Antes disso, três outras igrejas dedicadas ao apóstolo Paulo ocuparam o local, datando de 604 d.C.

A Catedral de São Paulo foi edificada sobre a fundação deixada pelas construções anteriores, mas o próprio apóstolo Paulo nos lembra de que uma igreja não é uma mera estrutura física, mas sim o povo de Jesus Cristo.

Assim como uma grande catedral deve ser cuidadosamente construída sobre uma base sólida, da mesma forma devemos ter cuidado para que nossa vida aponte sempre para Cristo, o único e verdadeiro fundamento seguro. Ele é o fundamento sobre o qual edificamos toda a nossa vida.

Senhor,
Que os nossos pensamentos, palavras e ações estejam sempre edificados em Cristo. Amém.

Murmurar, murmurar e murmurar

No dia seguinte toda a comunidade de Israel
começou a queixar-se contra Moisés e Arão, dizendo:
"Vocês mataram o povo do SENHOR".
Números 16.41

A rebelião de Corá foi um triste acontecimento ocorrido durante a viagem dos israelitas através do deserto. Recusando-se a contentar-se com o trabalho que tinha, Corá lutou por mais poder e criticou a liderança de Moisés nesse processo.

Corá e as pessoas que iam junto dele acabaram perdendo a vida por causa dessa rebelião. Surpreendentemente, na manhã seguinte o povo estava murmurando... novamente. E por essa nova rebelião, quase 15 mil deles morreram.

A história é um excelente professor. Pequenas sementes de descontentamento crescem, dão espaço para reclamações e questionamentos e frutificam hostilidade contra Deus. Com a ajuda do Espírito Santo e da sua força, podemos evitar trilhar o caminho do descontentamento.

Deus,
A sua verdade brilha em nosso coração, então, por favor, ajude-nos a ver o descontentamento como ele realmente é. Fortalecidas por sua graça, venceremos o espírito queixoso que nos leva a murmurar tanto. Amém.

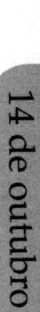

14 de outubro

Raízes crescendo

*Portanto, assim como vocês receberam a Cristo Jesus, o Senhor,
continuem a viver nele, enraizados e edificados nele, firmados na
fé, como foram ensinados, transbordando de gratidão.*

Colossenses 2.6-7

Na carta que escreveu para os colossenses, Paulo descreveu o processo de crescimento na fé, como deixar as nossas raízes crescerem em Cristo. Raízes firmam uma planta, absorvendo água e nutrientes e armazenando açúcares e carboidratos que necessita para crescer.

Seguir a Cristo, deixando nossas raízes crescerem nele, acontece da mesma maneira. Conforme conhecemos mais sobre Deus por meio da leitura de sua Palavra, várias coisas acontecem. Primeiramente, somos firmadas. Conhecemos a verdade e não somos lançadas à indecisão e à dúvida.

Absorvendo nutrientes da Palavra de Deus, as nossas raízes crescem e se aprofundam, e nós também crescemos. Nós assimilamos a sabedoria e o conhecimento de Deus. Somos equipadas para os variados desafios da vida. Que tipo de nutrientes as nossas raízes estão absorvendo?

Pai,
Que o contato com a sua Palavra nos faça crescer fortes e saudáveis. Amém.

Seja uma estrela

*Aqueles que são sábios reluzirão como o brilho do céu,
e aqueles que conduzem muitos à justiça serão
como as estrelas, para todo o sempre.*
Daniel 12.3

Todas as manhãs, quando leio o jornal, vejo imagens de estrelas. Estrelas do cinema. Estrelas da música. Estrelas do esporte. Aparentemente, as pessoas são fascinadas por estrelas. Ficamos admiradas com pessoas que trabalham sob os holofotes dos filmes, shows de rock e eventos esportivos.

A Bíblia descreve um tipo diferente de estrela, uma estrela que dura para sempre. Pessoas que andam com Deus, que vivem pela sabedoria cristã e levam outros ao Evangelho — que é a verdadeira justiça de Deus, são como estrelas brilhantes.

João Batista é um bom exemplo. Em João 5.35, Jesus o descreveu como uma "lâmpada que queimava e brilhava". Podemos ser uma das estrelas de Deus, também, levando outros para Cristo.

Pai,
Por favor, ajude-nos a andar em seu caminho e, assim, fazer brilhar a sua luz no mundo. Amém.

Evite ficar à deriva

Por isso é preciso que prestemos maior atenção ao que temos ouvido, para que jamais nos desviemos.
Hebreus 2.1

Em 23 de dezembro de 2006, dois mergulhadores que haviam ficado à deriva durante quatro horas foram encontrados ao largo da costa de New South Wales, na Austrália. Eles foram encontrados por um navio mercante após a corda da âncora de seu barco ter arrebentado. O barco deles havia se afastado da área de Brooms Head, de onde haviam mergulhado.

Ficar à deriva não é um risco que corremos apenas no mar. Pode acontecer com nosso coração também. Se não estamos firmemente ancoradas na verdade de Deus, vamos nos afastar e perder a rota, causando todos os tipos de problemas para nós mesmas, nossas famílias e nossas comunidades.

Ancorar-se na Palavra de Deus nos ajuda a evitar sermos resgatadas por um "Esquadrão de Busca e Salvamento" mais tarde.

Pai,
Nós não queremos nos afastar de sua verdade. Nós lhe agradecemos porque a sua palavra nos traça um caminho seguro. Amém.

17 de outubro

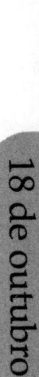

Relacionamento, e não rituais

"E você, meu filho Salomão, reconheça o Deus de seu pai,
e sirva-o de todo o coração e espontaneamente, pois o
SENHOR sonda todos os corações e conhece a motivação
dos pensamentos. Se você o buscar, o encontrará, mas,
se você o abandonar, ele o rejeitará para sempre".
1Crônicas 28.9

Em uma cerimônia dramática, o rei Davi convocou todas as autoridades de Israel para irem a Jerusalém. Ele queria que elas fossem testemunhar o comissionamento de seu filho, Salomão, para construir o templo.

Davi começou a abordar a multidão, resumindo a obra de Deus tanto na sua vida, quanto na vida da nação. Ele, então, entregou os projetos do templo a Salomão, com a solene incumbência de levar o trabalho a sério.

Dentre as muitas coisas que Davi poderia ter dito a Salomão, ele escolheu pedir a seu filho que buscasse a Deus e o conhecesse intimamente. Suas palavras continuam a nos ajudar hoje, quando ainda podemos cair em rituais sem sentido, em vez de buscar um relacionamento genuíno com Deus.

Senhor,
Às vezes, eu me vejo praticando apenas rituais religiosos. Peço que, em vez disso, o Senhor me ajude a desejar uma verdadeira intimidade com Deus. Amém.

18 de outubro

Escolha a boa parte

Maria, sua irmã, ficou sentada aos pés do Senhor, ouvindo a sua palavra. Marta, porém, estava ocupada com muito serviço. E, aproximando-se dele, perguntou: "Senhor, não te importas que minha irmã tenha me deixado sozinha com o serviço? Dize-lhe que me ajude!" Respondeu o Senhor: "Marta! Marta! Você está preocupada e inquieta com muitas coisas; todavia apenas uma é necessária. Maria escolheu a boa parte, e esta não lhe será tirada".
Lucas 10.39-42

Recentemente, meu marido almoçou com um amigo que está fortemente envolvido no serviço aos outros. Esse amigo descreveu o sentido do dever e, ao mesmo tempo, o cansaço que sentia por estar envolvido na vida de tantas pessoas.

Ele mencionou que, se estivesse sentado em frente a Jesus almoçando, iria lhe perguntar: "Por que isso é tão difícil? Pensei que o Senhor havia dito que seu fardo é leve."

Como Marta, às vezes, vivemos a vida cristã como algo que consiste apenas em dever e tarefas. Se pudéssemos sentar com Jesus, como Maria fez, imaginem a alegria e a paz que experimentaríamos sob o seu cuidado.

Jesus disse que estaria conosco a cada dia, nos esperando para estar com ele, ouvindo suas palavras de encorajamento e paz.

Senhor,
Livre-me do trabalho penoso do dever e, por favor, me preencha com a alegria da sua presença. Amém.

19 de outubro

Maior que o mar

"Você já foi até as nascentes do mar, ou já passeou pelas obscuras profundezas do abismo?"
Jó 38.16

A minha família gosta de passar férias em Orange Beach, no Alabama. O som das ondas, a cheia das marés e a vastidão da água nos cativam. Mais de 70% da terra é coberta por oceanos. É uma delimitação deslumbrante e misteriosa.

Quando foi questionado por Deus, Jó começou a ver o poder criativo do Senhor e sua sabedoria infinita. Deus não só tinha conhecimento profundo do mar e de suas profundidades, como ele era o seu Criador.

Da próxima vez que estiver caminhando na praia e reparar o mar, lembre-se de que Deus a conhece íntima e completamente. Ele anseia que você venha adorá-lo em toda a sua plenitude.

Senhor,
Quando olhamos para o oceano, lembramo-nos de sua grandeza.
Por favor, fortaleça-nos e encha-nos de admiração pelo Senhor.
Amém.

Tenha controle

*Portanto, irmãos, permaneçam firmes e apeguem-se
às tradições que foram ensinadas a vocês,
quer de viva voz, quer por carta nossa.*
2Tessalonicenses 2.15

Quando você pensa em "permanecer firme", que imagens vêm à sua mente? Uma pessoa que recusa se comprometer? Um professor indisposto a quebrar as regras? Uma mãe defendendo seus filhos?

Alguma vez você já questionou se alguém, do ponto de vista dogmático, era realmente verdadeiro? Paulo estava preocupado com a má influência dos falsos mestres entrando sutilmente na igreja e confundindo os crentes sobre a vinda do Senhor.

Ter uma mente aberta para o que precisamos aprender é essencial, mas devemos também ter um forte controle do que é realmente essencial. Quanto mais sabemos da Bíblia, mais bem equipadas estamos para discernir entre a verdade e o erro. Isso deve ser o padrão para a nossa fé e as nossas ações.

Senhor,
Obrigada por nos ter dado a Bíblia. Ajude-nos a ser diligentes em seu estudo e persistentes no aprendizado das suas verdades. Amém.

21 de outubro

Esperança no abandono

Ainda que me abandonem pai e mãe,
o SENHOR me acolherá.
Salmo 27.10

Quando as pessoas são abandonadas, elas não somente ficam sós, mas também carregam uma forte dor interior. Algumas convivem com um membro da família que sai da sala (literal ou figurativamente) sempre que as coisas ficam tensas. Outras se sentem abandonadas, porque um pai ou um cônjuge gasta quantidade excessiva de tempo no trabalho ou grande quantia em dinheiro com bebidas alcoólicas, negligenciando a importância dos seus relacionamentos.

O abandono mais forte, infelizmente, é sentido por algumas pessoas cujos pais ou cônjuges as deixaram totalmente para trás. Sou grata porque Deus oferece esperança e conforto para tais situações. Ele promete abraçar, proteger, ficar perto e nutrir os que foram abandonados pelos outros.

A dor do abandono ainda virá à tona várias vezes, mas o amor de Deus supera a dor.

Pai,
Obrigada por Jesus ter suportado a dor do abandono na cruz, e por isso não temos que enfrentar a separação eterna do Senhor. Amém.

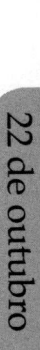

22 de outubro

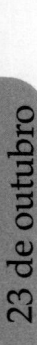

A moeda perdida

"Ou, qual é a mulher que, possuindo dez dracmas e, perdendo uma delas, não acende uma candeia, varre a casa e procura atentamente, até encontrá-la? E quando a encontra, reúne suas amigas e vizinhas e diz: 'Alegrem-se comigo, pois encontrei minha moeda perdida'. Eu digo que, da mesma forma, há alegria na presença dos anjos de Deus por um pecador que se arrepende".

Lucas 15.8-10

As moedas de prata que a mulher recebeu, provavelmente, foram dadas como um tradicional presente de casamento e, portanto, tinham um enorme valor sentimental. Elas poderiam ser comparadas em nossos dias ao mesmo valor estimado que uma mulher tem por sua aliança de casamento.

Em três ocasiões diferentes, a minha mãe notou que sua aliança de casamento havia desaparecido. Em cada ocasião, ela conseguiu encontrá-la. Como foi grande a sua alegria em cada uma dessas ocasiões!

Jesus contou a parábola da moeda perdida para ilustrar que Deus valoriza muito as pessoas perdidas. Ele lembra-nos de que há grande alegria no céu quando apenas uma única pessoa retorna ao seu amor.

Senhor,
Ajude-me a lembrar que, aos seus olhos, tenho um valor inestimável. Obrigada por enviar Jesus para me redimir. Amém.

Fama duradoura

O teu nome, SENHOR, permanece para sempre,
a tua fama, SENHOR, por todas as gerações!
Salmo 135.13

Pense em pessoas que foram famosas ao longo da história. Que nomes vêm à sua mente? Aristóteles? Um antigo filósofo grego que viveu de 384 a.C. a 322 d.C. Ele é famoso há umas oitenta gerações. Michelangelo? Um artista renascentista italiano que viveu entre 1475-1564, e que é famoso há umas 17 gerações. George Washington? O primeiro presidente dos Estados Unidos, que viveu entre 1732-1799, e é famoso há mais ou menos nove gerações.

A fama desses homens continua grande há muitos anos, mas não é reconhecida por todas as gerações. Só Deus se qualifica para esse tipo de fama.

Embora nenhuma de nós tenha experimentado um relacionamento com Aristóteles, Michelangelo ou George Washington, podemos ter um relacionamento com Deus, cuja fama continua a ser reconhecida por todas as gerações.

Pai,
Somos gratas porque podemos ter um relacionamento próximo com uma verdadeira celebridade. Amém.

24 de outubro

Cidadãs do céu

*Não importa o que aconteça, exerçam a sua cidadania
de maneira digna do evangelho de Cristo.*
Filipenses 1.27a

*A nossa cidadania, porém, está nos céus, de onde esperamos
ansiosamente um Salvador, o Senhor Jesus Cristo.*
Filipenses 3.20

Como viajo internacionalmente, eu me lembro de como a cidadania é importante. Se eu entrar no Brasil, nas Bahamas, na Alemanha ou nas Ilhas Virgens, preciso provar que sou uma cidadã dos Estados Unidos.

O apóstolo Paulo explica que, quando cremos em Cristo, nos tornamos cidadãs do céu, onde viveremos um dia.

Quando Cristo voltar para nos levar para lá, o nosso passaporte não será um documento pelo qual pagamos ou garantimos por nossos próprios esforços. O nosso passaporte para a cidadania celestial é a nossa fé em Jesus. Se confessarmos a Cristo na terra, ele confessará o nosso nome no céu, onde o nosso nome está escrito para sempre.

Pai,
Somos gratas porque a nossa cidadania no céu não depende de um documento humano, mas da fé em Cristo. Amém.

Uma dinastia interminável

"Agora, por tua bondade, abençoa a família de teu servo, para que ela continue para sempre na tua presença. Tu, ó Soberano SENHOR, o prometeste! E, abençoada por ti, bendita será para sempre a família de teu servo".
2Samuel 7.29

O segundo livro de Samuel registra a vida do maior rei de Israel: Davi. Deus falou por meio do profeta Natã sobre a bênção que daria a Davi, a bênção de uma dinastia eterna. Gerações de descendentes de Davi reinariam depois dele.

Para um monarca do Oriente Médio, nenhuma bênção poderia ser mais elevada. Olhando para a história, porém, pode-se perguntar se Deus manteve sua promessa, já que os judeus foram deportados, o reino foi conquistado e, por séculos, os judeus foram dispersos pela face da terra.

No entanto, a promessa de Deus foi mantida em Jesus Cristo. Como descendente de Davi, ele é o único que cumpre a promessa de Deus de um reino eterno. Ele é o Filho de Deus, o Rei dos reis, e seu governo jamais terá fim.

Senhor Jesus,
Obrigada por sempre manter a sua palavra. Amém.

26 de outubro

Em Deus nós confiamos

*E a perseverança deve ter ação completa, a fim de que vocês
sejam maduros e íntegros, sem que falte a vocês coisa alguma.*
Tiago 1.4

O governo dos Estados Unidos lançou uma série de
moedas de 1 dólar em honra a quatro de seus presi-
dentes. Foram produzidas, ao todo, mais de 300 milhões de moedas de ouro antes de descobrirem um
problema. As palavras que deveriam estar gravadas
em torno da borda das moedas haviam desaparecido,
incluindo "In God We Trust" (Em Deus nós confiamos), além de outras informações importantes.

Às vezes, nós nos sentimos como que perdendo
algo em nossa experiência cristã. Pode ser uma falta de
paixão, a capacidade de suportar as nossas circunstâncias
ou a dificuldade em gerir as nossas emoções. A boa
notícia é que, quando colocamos a nossa confiança em
Deus, podemos ter a certeza de que não vai faltar nada
no final. Pela perseverança, Deus finalmente nos leva
a sermos a prova de sua graça.

Senhor,
Obrigada porque, no fim de tudo, seu plano perfeito será concluído em nós. Dê-nos a graça para perseverar e permita-nos ama-
durecer. Em nome de Jesus. Amém.

27 de outubro

Estendendo a misericórdia

José, porém, lhes disse: "Não tenham medo. Estaria eu no lugar de Deus? Vocês planejaram o mal contra mim, mas Deus o tornou em bem, para que hoje fosse preservada a vida de muitos".
Gênesis 50.19-20

Os irmãos de José foram terrivelmente cruéis com ele. Por causa disso, temiam que José pudesse querer se vingar deles depois da morte de seu pai.

Quando os irmãos pediram o perdão de José, embora houvesse sido de uma forma manipuladora, ele respondeu que não era sua responsabilidade puni--los. José deixou isso para Deus, e ofereceu o perdão a seus irmãos.

Perdoar uma pessoa não significa protegê-la das consequências dolorosas de seu egoísmo. Mas também não significa que vamos tentar igualar ou estar à frente no placar, colocando essa pessoa em desvantagem. Deixamos a justiça e a vingança nas mãos de Deus, estendendo misericórdia para com os outros, porque Deus já estendeu sua misericórdia para conosco.

Pai,
Somos gratas por sua grande misericórdia que nos alcança. Por favor, ajude-nos a estender a sua misericórdia para os outros. Amém.

28 de outubro

Quanto tempo é um dia?

Não se esqueçam disto, amados: para o SENHOR um dia é como mil anos, e mil anos como um dia. O SENHOR não demora em cumprir a sua promessa, como julgam alguns. Pelo contrário, ele é paciente com vocês, não querendo que ninguém pereça, mas que todos cheguem ao arrependimento.
2Pedro 3.8-9

A maioria de nós pensa em um dia como 24 horas, ou o tempo que leva a Terra para girar em torno do Sol. Na realidade, ela leva 23 horas e 56 minutos. Não é exatamente um dia.

Há um monte de estudos científicos sobre o tempo, tornando o relógio altamente ajustado e calculado para acompanhar o que comumente conhecemos e entendemos como "um dia".

Felizmente, Deus não se confunde com todas essas variáveis, aparentemente imprecisas, nem vive dentro dos limites do que chamamos de "Hora Mundial". Deus nunca está adiantado ou atrasado, rápido ou devagar. Ele é paciente quando espera que nos voltemos para ele.

Senhor,
Obrigada por pensar em nós ainda antes do tempo existir e por nos aguardar para voltarmos ao Senhor. Amém.

Perto do coração humilde

Embora esteja nas alturas, o SENHOR olha para os humildes,
e de longe reconhece os arrogantes.
Salmo 138.6

Há coisas que eu gostaria de ter sempre por perto, como água, comida e minha amada família. Há coisas que eu gostaria, sim, de manter a uma certa distância, como o fogo, pragas e venenos.

A Bíblia descreve o tipo de pessoas que Deus mantém por perto: as humildes. Ele fica perto de pessoas que são modestas e despretensiosas. Ele tende para o lado delas e cuida delas. A Bíblia também descreve o tipo de pessoas que Deus mantém distantes: as soberbas.

Em vez de estar diante de uma pessoa arrogante e presunçosa, Deus está no horizonte, distante. Deus mantém um longo espaço entre ele e as pessoas orgulhosas. Que diferença fará em nossa vida e em nossos relacionamentos se, a cada dia, nós cultivarmos um coração humilde diante de Deus!

Pai,
Confessamos que muitas vezes lutamos contra o orgulho. Queremos nos humilhar e experimentar o seu cuidado. Amém.

Veja o que não vemos

*Ora, a fé é a certeza daquilo que esperamos
e a prova das coisas que não vemos.*
Hebreus 11.1

Qual das duas citações abaixo reflete a maneira como você normalmente pensa?

• "A fé é crer no que não vemos; e a recompensa dessa fé é ver o que acreditamos." — Agostinho de Hipona.

• "Ver para crer." — Origem desconhecida.

Em alguns casos, é importante subscrevermos a última frase. Queremos ver bens ou serviços entregues antes de pagar cegamente por eles. Mas, quando se trata de Cristianismo, a Bíblia nos ensina que a fé é essencial. Na verdade, sem ela não podemos agradar a Deus.

O décimo primeiro capítulo de Hebreus detalha a vida de muitos servos que agradaram a Deus precisamente porque não podiam ver o que eles esperavam. Na economia de Deus, parte da recompensa será a nossa visão antecipada da fé.

Senhor,
Às vezes, minha fé é fraca. Por favor, fortaleça-me e ajude-me a viver na confiança de coisas que um dia verei. Amém.

Novembro

Preparativos

"Vejam, eu enviarei o meu mensageiro, que preparará o caminho diante de mim. E então, de repente, o SENHOR que vocês buscam virá para o seu templo; o mensageiro da aliança, aquele que vocês desejam, virá", diz o SENHOR dos Exércitos.
Malaquias 3.1

Os preparativos são importantes. Se estamos organizando um jantar, planejando uma recepção de casamento ou limpando as paredes de um quarto antes da pintura, esses preparativos são importantes e estabelecem as bases para algo que ainda está por acontecer.

No Antigo Testamento, o profeta Malaquias predisse que João Batista iria preparar o caminho para Jesus. João fez o seu trabalho tão bem, que Jesus falou às multidões a respeito de João em Mateus 11.11 dizendo: "Do meio dos nascidos de mulher não surgiu ninguém maior do que João Batista."

Hoje, podemos agradecer a Deus pelas pessoas que ele usou em nossa vida, que nos prepararam para um relacionamento mais próximo e profundo com ele. Também podemos pedir a Deus que nos ajude a compartilhar a sua Boa-Nova com os outros.

Pai,
Que sejamos fiéis mensageiras da sua verdade e da sua graça.
Amém.

1º de novembro

Mexa-se

Reconheço a sua disposição em ajudar e já mostrei aos macedônios o orgulho que tenho de vocês, dizendo-lhes que, desde o ano passado, vocês da Acaia estavam prontos a contribuir; e a dedicação de vocês motivou a muitos.
2Coríntios 9.2

Sempre que faço doce de maçã com canela, começo misturando duas colheres de chá de canela com 1 xícara e ½ de açúcar. No começo, eu acho que não está acontecendo muita coisa, enquanto mexo na panela durante um tempo. Mas, a cada mexida sucessiva da colher, vejo mais e mais os tons de marrom e cada vez menos os tons de branco. Em seguida, derramo um copo de água na mistura de açúcar e mexo novamente.

Finalmente, após descascar e cortar cerca de 20 maçãs, eu mexo tudo junto e cozinho na panela de barro em fogo baixo por algumas horas. O meu entusiasmo para fazer doce de maçã a estimula a ponto de você querer fazer a minha receita? Era dessa forma que a entusiasmada igreja da Grécia motivava os crentes da Macedônia a cooperarem na missão de Deus por meio das ofertas. O entusiasmo pode ser iniciado de uma forma semelhante em outras áreas de sua vida, e até causar um reboliço!

Pai,
Por favor, ajude-nos a causar um reboliço e a agitar uns aos outros para a edificação do seu Reino. Amém.

Ore por coragem

"Não fui eu que ordenei a você? Seja forte e corajoso!
Não se apavore nem desanime, pois o SENHOR, o seu Deus,
estará com você por onde você andar".
Josué 1.9

Alguns anos atrás, Marsha, uma de minhas amigas da igreja, foi diagnosticada com câncer no pâncreas. Sentadas em volta de uma mesa numa reunião com outras doze diaconisas, perguntei-lhe:

— Como podemos orar por você?

Eu nunca me esquecerei da resposta dela:

— Por favor, orem — ela disse calmamente — para que eu tenha coragem. Eu fiquei lá, pensando: "Que forma madura de se orar!"

Durante os meses entre o diagnóstico do câncer e a partida de Marsha para, enfim, estar com Jesus, a coragem dela inspirou a fé do povo de Deus que vivia ao seu redor. Às vezes, quando nosso coração sente medo, a coragem é uma necessidade honesta e maravilhosa pela qual devemos orar. É um dom que Deus oferece quando dependemos nele.

Deus,
Obrigada por sua fidelidade à Marsha e sua família durante aqueles dias extremamente difíceis. Obrigada pela coragem que o Senhor lhe concedeu. Por favor, conceda-nos também a coragem de que precisamos. Amém.

3 de novembro

Filhas de Deus

Vejam como é grande o amor que o Pai nos concedeu:
que fôssemos chamados filhos de Deus, o que de fato somos!
Por isso o mundo não nos conhece, porque não o conheceu.
1João 3.1

Certa tarde, enquanto eu dava aula de piano, notei que um garoto de oito anos de idade, Davi, estava usando uma corrente de prata no pescoço. Minha curiosidade me levou a perguntar:

— O que está pendurado nessa corrente de prata tão legal?

E ele respondeu:

— Uma foto do meu pai!

Davi mostrou-me a foto e começou a explicar que o pai tinha servido na Força Aérea dos Estados Unidos durante vários anos.

A maneira como ele falou sobre seu pai refletiu um forte senso de identidade e segurança, que são os sinais de um filho bem amado. Os filhos de Deus compartilham o mesmo sentimento. Quando colocamos nossa fé em Cristo, nós nos tornamos filhas amadas de Deus, ganhando um novo e crescente sentido de identidade e segurança.

Pai amoroso,
Somos suas filhas, e isso nos dá segurança e nos confere identidade. Receba a nossa gratidão. Amém.

4 de novembro

Animais selvagens e rápidos

Deus fez os animais selvagens de acordo com as suas espécies, os rebanhos domésticos de acordo com as suas espécies, e os demais seres vivos da terra de acordo com as suas espécies. E Deus viu que ficou bom.
Gênesis 1.25

De todos os animais que Deus criou, talvez um dos mais fascinantes seja o canguru. Nativo da Austrália, esse animal tornou-se um ícone do país, tendo sua imagem estampada até mesmo nas caudas dos aviões da principal companhia aérea australiana. Os cangurus são os únicos animais de grande porte que costumam pular como um meio de locomoção. Normalmente, um canguru pode viajar cerca de 20 a 25 quilômetros por hora, e sabe-se que alguns chegam a atingir uma velocidade de até 70 quilômetros por hora.

O canguru é um lembrete da vasta criação imaginativa de Deus. O Senhor fez todas as coisas, grandes e pequenas, e as colocou sobre a terra para serem observadas e cuidadas pela coroa de sua criação, o ser humano, criado à sua própria imagem: "E Deus viu que era bom."

Deus,
Que incrível diversidade o Senhor criou nesta bela natureza. Alguns animais nos assustam, alguns nos fascinam e outros até nos fazem rir. Obrigada por fazer tantas coisas belas e variadas para desfrutarmos! Amém.

5 de novembro

Coração puro

Cria em mim um coração puro, ó Deus, e renova
dentro de mim um espírito estável.
Salmo 51.10

Um dia, minha avó me disse que costumava falar em voz alta as palavras do Salmo 51.10 todas as manhãs: "Cria em mim um coração puro, ó Deus, e renova dentro de mim um espírito estável." Que ótima maneira de começar um dia! Pense em toda a limpeza que fazemos todos os dias. Nós escovamos os dentes. Lavamos o rosto. Ensaboamos as mãos. Tomamos banho. Lavamos panelas e frigideiras. Limpamos o chão.

Nosso coração precisa de limpeza diária também. A Bíblia chama essa limpeza de purificação. Como Deus é gracioso, que não nos deixa essa árdua tarefa como nossa única responsabilidade! Jamais poderíamos fazer isso por conta própria. Por meio da fé no sangue de Jesus, ele nos purifica e nos lava de nosso pecado (1João 1.7). Por intermédio da sua Palavra, ele nos purifica de dentro para fora (João 15.3).

Deus,
Obrigada por seu sangue derramado que nos dá coração limpo, por meio da fé em Jesus Cristo. Amém.

Como orar?

Por essa razão, desde o dia em que o ouvimos, não deixamos de orar por vocês e de pedir que sejam cheios do pleno conhecimento da vontade de Deus, com toda a sabedoria e entendimento espiritual. E isso para que vocês vivam de maneira digna do Senhor e em tudo possam agradá-lo, frutificando em toda boa obra, crescendo no conhecimento de Deus.

Colossenses 1.9-10

Você, às vezes, sente-se confusa sobre como orar por uma amiga ou por um membro da família? Você sente profunda preocupação ou não entende completamente a situação dessa pessoa, mas quer orar com sabedoria. Orar a Palavra de Deus é algo sábio e poderoso para se fazer. Que palavras melhores podemos dizer ao Pai, em nome de alguém que é importante para nós, do que as palavras que Deus falou sobre si mesmo?

Enquanto pedimos ao Senhor que ele faça a sua vontade e oramos para que ele seja misericordioso com os outros, somos lembradas de que buscamos essas mesmas coisas para nós também. Será difícil encontrar uma oração melhor do que aquela que expressa o desejo de que nós, e aqueles que amamos, honremos a Deus e vivamos para a sua glória.

Pai,
Obrigada pela verdade da sua Palavra. Por favor, que ela seja como uma planta com raízes profundas em nosso coração, para que saibamos sua vontade e possamos honrá-lo. Amém.

7 de novembro

Quando Deus parece distante

*Recorram ao SENHOR e ao seu poder; busquem sempre a
sua presença. Lembrem-se das maravilhas que ele fez, dos seus
prodígios e das sentenças de juízo que pronunciou, ó descendentes
de Abraão, seu servo, ó filhos de Jacó, seus escolhidos.*
Salmo 105.4-6

Algumas vezes, Deus parece distante para você? Apesar de não ser incomum pensarmos assim em alguns momentos da vida, não se sinta perturbada por isso. Não há cura instantânea para tais sentimentos, mas o salmista sugere algo útil para fazermos enquanto aguardamos nos sentir mais perto Deus. Ele sugere que nos lembremos.

Recorde-se das maravilhas de Deus. Lembre-se dos milagres que ele fez por outras pessoas no passado. Especificamente, o salmista menciona Abraão e Jacó, mas há uma vasta abundância de outros personagens bíblicos a quem Deus demonstrou suas maravilhas como, Rute, Daniel, Ester, José e Ana, apenas para começar. Durante o processo de nos lembrarmos do que Deus já fez por outros no passado, nosso coração é levado a confiar nele no presente.

Pai,
Obrigada pela sua fidelidade a outros no passado. Somos encorajadas a confiar no Senhor agora. Amém.

Lidando com a raiva

*"Quando vocês ficarem irados, não pequem". Apaziguem a sua
ira antes que o sol se ponha, e não deem lugar ao Diabo.*
Efésios 4.26-27

A maioria das pessoas sente raiva de vez em quando. Isso não é de todo ruim. A raiva pode ser um sinal útil, notificando-nos de que algo está acontecendo dentro de nós ou ao nosso redor, mas que é insalubre ou injusto. A raiva fora de controle, no entanto, pode causar muita destruição.

Ficar irado sem pensar nas consequências causa problemas, e, da mesma forma, abafar esse sentimento pode trazer enormes dificuldades futuras. Então, o que fazemos com a ira? Falar a verdade em amor é uma sábia e saudável opção. Ela nos ajuda a expressar nossos sentimentos de forma construtiva e reflete nossos verdadeiros sentimentos por uma pessoa que pode precisar ouvir como as palavras, atitudes ou comportamentos dela estão nos prejudicando.

Lidar com a raiva de uma maneira saudável requer coragem, mas é a maneira de se viver uma vida que honra a Deus.

Pai,
É um grande desafio lidar com a raiva de maneira correta e controlada. Precisamos de sua ajuda. Amém.

Quando você sente medo

*O SENHOR é a minha luz e a minha salvação; de quem terei
temor? O SENHOR é o meu forte refúgio; de quem terei medo?*
Salmo 27.1

Todo mundo sente medo em algum momento da vida
— pode ser o medo do fracasso, da rejeição, de preju-
dicar alguém ou de ser explorado. A maneira como lidamos com o medo é o que realmente importa. Deixá-
-lo se desenvolver, tende a torná-lo uma nuvem negra,
pairando sobre nossa cabeça e ameaçando nos manter
em um tipo de cativeiro.

Davi, o salmista, nos apresenta uma saudável maneira de enfrentar os nossos medos. Em primeiro lugar,
ele reconhece que o medo traz consigo tremor, arrepios
e agitação. Davi, obviamente, entende disso! Ele também faz perguntas ao seu próprio coração, buscando
a presença e a companhia de Deus nesses momentos.
Então, ele pede a Deus que o ajude a superar o medo,
que seja seu refúgio em tempo oportuno, livrando-o do
medo. Ao se concentrar em Deus, Davi moveu-se
do medo em direção à confiança corajosa. E nós podemos, também, agir da mesma forma, seguindo seus passos.

Pai,
Às vezes, estamos cheias de medo. Por favor, ajude-nos, livre-nos
e esconda-nos no Senhor. No poderoso nome de Jesus. Amém.

10 de novembro

Deus é bom

*O SENHOR é bom para com aqueles cuja esperança
está nele, para com aqueles que o buscam; é bom
esperar tranquilo pela salvação do SENHOR.*
Lamentações 3.25-26

Quer estejamos esperando concretizar a venda de uma
casa, quer o fim de um longo tratamento de uma grave
doença, quer a mudança do cenário de um relacionamento importante, a espera é algo difícil e cansativo.
No entanto, a perspectiva que temos em relação a isso
determina se vamos esperar com medo ou esperança,
preocupação ou confiança. Deus nos propõe algo a fazer enquanto esperamos: buscá-lo.

Vasculhar a Palavra de Deus e constatar as muitas
expressões de sua fidelidade a outros, no passado,
nos ajudará bastante. Dessa forma, tiramos os nossos
olhos de nós e das nossas circunstâncias e os voltamos
para Deus. Isso também nos remete a algo à frente,
que é melhor do que esta vida aqui na terra. Quando
vemos o quanto Deus foi bom com seu povo no passado, mais inspiradas somos a crer em sua bondade para
nossa vida, no presente.

Pai,
Que possamos esperar pacientemente no Senhor e experimentar,
assim, a sua bondade. Amém.

Enfrentando uma crise

Indo um pouco mais adiante, prostrou-se e orava para que, se possível, fosse afastada dele aquela hora. E dizia: "Aba, Pai, tudo te é possível. Afasta de mim este cálice; contudo, não seja o que eu quero, mas sim o que tu queres".
Marcos 14.35-36

De que maneira podemos enfrentar uma crise como o tratamento de um câncer, conflitos no casamento ou a perda de um emprego? Uma vez que a maior crise de todos os tempos foi enfrentada por Jesus, é sábio observarmos como ele lidou com isso. Quando Jesus experimentou o mais agonizante sofrimento imaginável, ele fez três coisas.

Primeiro, ele pediu a Deus que tirasse o seu sofrimento. Depois, reconheceu que tudo é possível para Deus. Por fim, ele renunciou a si mesmo para deixar tudo sob o controle do Pai. É consolador saber que não há nada de errado em pedir a Deus que nos livre do nosso sofrimento. Se ele não fizer isso, porém, devemos nos submeter humildemente ao seu controle.

A razão pela qual podemos ter um relacionamento com Deus é porque, em sua maior crise, Jesus se submeteu à vontade do Pai e ao seu controle.

Pai fiel,
Dê-nos a graça de sermos fiéis como Jesus. Amém.

12 de novembro

Deus entende a todos

Dos céus olha o SENHOR e vê toda a humanidade; do seu
trono ele observa todos os habitantes da terra; ele, que forma
o coração de todos, que conhece tudo o que fazem.
Salmo 33.13-15

De acordo com o *Guinness, o Livro dos Recordes*, Ziad
Youssef Fazah é o maior poliglota vivo do mundo.
Ele fala, lê e compreende quase sessenta línguas diferentes! Nascido na Libéria, filho de libaneses, Ziad
mudou-se de volta para o Líbano com sua família,
e, aos 17 anos, já falava 54 idiomas. Além do árabe,
do francês e do inglês, ele aprendeu sozinho vários
outros idiomas.

É difícil imaginar ser fluente em tantas línguas,
porém é ainda mais difícil imaginar que, apesar das
mais de seis mil línguas conhecidas no mundo, Deus
compreende todas. Além de compreender as palavras,
Deus entende o coração de cada pessoa que vive, ou já
viveu, nesta terra.

Senhor,
Somos gratas porque o Senhor nos fez e nos entende. Amém.

Seguindo a orientação de Deus

*Casais de animais grandes, puros e impuros, de aves e de
todos os animais pequenos que se movem rente ao chão vieram
a Noé e entraram na arca, como Deus tinha ordenado a Noé.*
Gênesis 7.8-9

Meu marido e eu olhamos pela janela da cozinha para ver dois guaxinins confirmando a fama de serem "ladrõezinhos" mascarados. Ao ouvir nossas vozes, os guaxinins olharam-se para ver do que se tratava e, relutantemente, caminharam para fora. A dupla me lembrou da história de Noé, em que Deus fez os animais caminharem para dentro da arca em segurança, sempre em pares.

Por que esses animais foram para a arca? Eles foram movidos para seguir as orientações de seu Criador, o Senhor Deus. Algumas vezes, os animais parecem ter mais senso comum do que alguns humanos. Eles, instintivamente, seguem o plano de seu Criador. Mas Deus deu aos seres humanos a possibilidade de escolha. Nós somos feitos à sua imagem e temos a capacidade, pela fé, de viver em obediência a Deus.

Querido Deus,
O Senhor me deu mais do que instinto para viver. Ajude-me a seguir fielmente seu plano para minha vida. Amém.

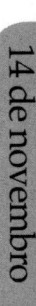

14 de novembro

Evidências da vida com Deus

Em pureza, conhecimento, paciência e bondade;
no Espírito Santo e no amor sincero.
2Coríntios 6.6

Não é difícil provar a lei da gravidade. Mas o que provar significa para nós? O apóstolo Paulo sugere olharmos para várias coisas. Pureza, por exemplo, significa que nossos pensamentos e nossas ações são livres de contaminação. O entendimento — quer dizer que compreendemos que Deus nos fez, que, em razão do nosso pecado, Deus enviou Jesus para nos salvar e que precisamos dele. A paciência — quer dizer que, mesmo em situações difíceis, seguimos dependendo do Espírito de Deus e confiando nele. A bondade — mostra que estamos demostrando bondade para outras pessoas. E o amor sincero — reflete que estamos buscando ter um amor corajoso e sincero para com os outros e que odiamos o que é mau e nos apegamos ao que é bom? (Rom. 12.9)

Enquanto estivermos neste mundo não seremos perfeitas, mas a presença de Deus em nós produzirá evidentes sinais de pureza, compreensão, paciência, bondade e amor sincero.

Pai,
Nós jamais poderíamos fabricar as qualidades divinas em nosso próprio ser. Obrigada pelo trabalho de seu Espírito Santo em nossa vida. Amém.

O plano de Deus

Então o SENHOR fez com que um grande peixe engolisse Jonas,
e ele ficou dentro do peixe três dias e três noites.
Jonas 1.17

Se pudéssemos imaginar o que significa organizar o mundo inteiro, fazer planos para cada pessoa que já viveu e dirigir as coisas em todos os países do mundo, ainda assim estaríamos imaginando apenas parte do que Deus faz. O Senhor sempre preparou e organizou as coisas, e continua fazendo isso hoje, e sempre fará.

Voltando ao livro de Jonas, nós aprendemos que Deus providenciou um grande peixe para engolir o profeta. Entre todos os lugares do mar que Jonas poderia ter ido, Deus tinha um grande peixe pronto, no lugar certo e na hora certa. Se Deus pode preparar todas as coisas para o cumprimento do seu plano na vida de um profeta desobediente, certamente ele pode fazer o mesmo por nós também.

Pai,
Por favor, ajude-nos a confiar em seus planos para a nossa vida.
Amém.

Colhendo bondade

Quem faz o bem aos outros, a si mesmo o faz;
o homem cruel causa o seu próprio mal.
Provérbios 11.17

Quando éramos crianças e voltávamos da escola para casa, meu irmão e eu, ocasionalmente, tínhamos algumas brigas. Nas horas em que estávamos com raiva um do outro, um de nós sempre gritava: "Tudo o que você diz sobre mim vai de volta para você!" Na época, não percebíamos o quanto era verdadeira essa declaração. Se somos bondosos ou não, as palavras e ações que dizemos ou fazemos para outra pessoa retornam para nós.

O que queremos que retorne para nós? Compaixão, gentileza e compreensão ou crueldade, frieza e aspereza? Se mostrarmos bondade para com uma amiga ou para com um membro da família, não estaremos demonstrando isso somente a eles. Também vamos sentir isso em nós mesmas. Os tipos de sementes que plantamos criam uma colheita perpétua. O que realmente desejamos colher? E que tipo de sementes temos plantado?

Pai,
Por favor, ajude-nos a pensar no impacto que nossas palavras têm sobre todos à nossa volta. Amém.

Nos genes

Seu divino poder nos deu todas as coisas de que necessitamos para a vida e para a piedade, por meio do pleno conhecimento daquele que nos chamou para a sua própria glória e virtude.
2Pedro 1.3

A cor dos nossos olhos, sejam eles verdes, azuis, pretos ou castanhos, foi determinada por alguns dos quase 25 mil genes que Deus nos deu. Genes são como pequenos pedaços de informações que emitem instruções sobre a forma como o nosso corpo vai crescer e se desenvolver. Metade do projeto vem do lado da mãe e a outra metade, do lado do pai.

Quando nascemos na família de Deus, por meio da fé em Cristo, recebemos genes espirituais, que é tudo de que precisamos para a vida e a santidade. Nossa responsabilidade é não sair à procura de genes mais espirituais. Se temos um relacionamento com Deus, eles já estão lá! À medida que passamos tempo com a Bíblia e vivemos em obediência a Deus, vamos crescer na santidade. Isso está nos genes espirituais que recebemos.

Pai,
Obrigada pelo crescimento na santidade não ser um mistério.
Amém.

18 de novembro

O que você pode ver?

*O SENHOR, contudo, disse a Samuel: "Não considere
a sua aparência nem sua altura, pois eu o rejeitei.
O SENHOR não vê como o homem: o homem vê
a aparência, mas o SENHOR vê o coração".*
1Samuel 16.7

Alguns anos atrás, meu marido sofreu um grave acidente de bicicleta em que quebrou o pulso e a mandíbula em três locais. Quando o vi no hospital, as fraturas eram evidentes, mas ele precisou de vários raios-X para determinar a extensão dos danos. Felizmente, os médicos têm recursos como o raio-X para observar e analisar o interior de nosso corpo.

O comportamento e as motivações interiores das pessoas, no entanto, são bem mais difíceis de ver e analisar. Às vezes, nós ficamos sem saber o que realmente está acontecendo na vida de alguém. Deus não precisa de nenhum equipamento especial para saber essas coisas. A boa notícia do Evangelho é que, apesar da consciência de nosso pecado diante de Deus, ele nos aceita em sua família por meio da fé em Jesus Cristo.

Pai,
Somos gratas ao Senhor por ver as coisas como elas realmente são. Amém.

Força amorosa

Nenhum rei se salva pelo tamanho do seu exército;
nenhum guerreiro escapa por sua grande força. O cavalo é vã
esperança de vitória; apesar da sua grande força, é incapaz de
salvar. Mas o SENHOR protege aqueles que o temem,
e os que firmam a esperança no seu amor.
Salmo 33.16-18

Se você reunisse todas as tropas dos exércitos dos Estados Unidos, China, Israel, Rússia e Índia, haveria poder suficiente para proteger um país inteiro por alguns anos. Nunca haveria poder suficiente, porém, para evitar uma morte de qualquer pessoa na terra, não importa quão importante, endinheirada ou famosa ela seja.

Os exércitos podem proteger as pessoas e mantê--las seguras temporariamente, mas todos nós vamos morrer em algum momento. Deus nos lembra de que ele nunca teve a intenção de colocar a nossa esperança nesse tipo de assunto no poder militar, dinheiro ou plano de saúde. Ele quer que coloquemos a nossa esperança nele. Em Deus, encontramos a salvação e o amor infalível que dura para sempre.

Senhor,
Nada no mundo pode transmitir mais segurança, poder e amor do que a sua presença. Nós o louvamos e lhe agradecemos. Amém.

20 de novembro

O dom da oração

Antes de tudo, recomendo que se façam súplicas, orações, intercessões e ação de graças por todos os homens.
1Timóteo 2.1

Gostei do presente que minha amiga Ruth me deu um dia, enquanto eu passava por um tempo de desânimo. "Outro dia, enquanto eu varria as folhas no quintal", disse Ruth, "Passei meia hora orando por você". Trinta minutos só para mim? Uau! Eu costumo orar pela família e pelos amigos diariamente, mas não costumo dedicar meia hora a cada pessoa.

Deus nos exorta, porém, a orarmos uns pelos outros. Em 1Timóteo 2.1, ele diz como devemos fazer isso. *Peça ajuda a Deus.* Por isso é que temos as palavras "pedido de oração". *Interceder.* Nós nos comunicamos com Deus em favor de outra pessoa. *Agradecer.* Expressamos gratidão pelo que Deus fez, está fazendo e irá fazer. A oração não vem em uma caixa, mas é um presente de valor eterno.

Pai,
Quando estivermos preocupadas com um amigo ou com um membro da família, que possamos lhe dar o presente da oração.
Amém.

21 de novembro

Propriedade especial

*Imediatamente Moisés prostrou-se, rosto em terra,
e o adorou, dizendo: "SENHOR, se de fato me aceitas com
agrado, acompanha-nos o SENHOR. Mesmo sendo esse um
povo obstinado, perdoa a nossa maldade e o nosso
pecado e faze de nós a tua herança".*
Êxodo 34.8-9

Depois que os israelitas pecaram, adorando um bezerro de ouro que eles haviam fabricado, Deus prontificou-se para destruí-los. Moisés, porém, suplicou a Deus e ele o ouviu. Houve punição por causa do pecado, mas Deus também demonstrou misericórdia e perdão.

A resposta de Moisés à justiça e à misericórdia de Deus é um belo exemplo para nós. Moisés adorou e agradeceu a Deus por seu favor e pediu-lhe que andasse com o povo. Ele reconheceu a sua tendência para o pecado, pediu o perdão de Deus e que os considerasse como sua própria possessão especial. Que bela imagem de relacionamento restaurado com Deus podemos experimentar quando nos arrependemos do pecado do nosso coração!

Pai,
Somos gratas pelo dom do seu perdão. Que possamos nos ver como sua propriedade especial. Amém.

22 de novembro

Luz e verdade

Envia a tua luz e a tua verdade; elas me guiarão e me levarão ao teu santo monte, ao lugar onde habitas.
Salmo 43.3

O coração do salmista estava obviamente perturbado. *Por que você me deixou de lado? Por que tenho que passear pela tristeza? Por que estou sendo oprimido por meus inimigos?* É importante ouvirmos seus sentimentos, porque há momentos em que também fazemos as mesmas perguntas.

Por um momento, nós nos perguntamos se o salmista decidiu se afastar de Deus. Mas ele correu em direção ao Senhor e pediu-lhe que enviasse companheiros para a jornada! Ele pediu luz, porque estava tendo dificuldade para encontrar o seu caminho, e pediu verdade, porque precisava de orientação necessária vinda de alguém que conseguisse ver todo o cenário. Deus ainda hoje nos oferece a sua luz e a sua verdade quando nós as pedimos como orientação.

Deus,
Também precisamos ser escoltadas pela luz e pela verdade do Senhor em nossa jornada. Amém.

Líderes servem

Assentando-se, Jesus chamou os Doze e disse: "Se alguém quiser ser o primeiro, será o último, e servo de todos".
Marcos 9.35

Jesus havia investido muito em seus discípulos, dando-lhes ensino profundo e de qualidade, além do seu tempo e sua energia. Quando subiu ao céu, depois de sua morte e ressurreição, esses discípulos seriam os líderes de seu reino entre os homens. Em vez de os discípulos demonstrarem uma liderança adequada, eles estavam discutindo sobre quem era o maior do grupo! Jesus os fez sentar por um tempo, para ter uma "conversa" com eles.

Ele explicou que, no seu reino, líderes não *usam* as pessoas para a realização dos propósitos deles. Em vez disso, eles *servem* às pessoas, entendendo que nenhum trabalho é pequeno demais. Em sua área de liderança hoje, seja como mãe, como professora ou como executiva, como você pode liderar servindo? Uma liderança piedosa serve aos outros.

Pai,
Muitas vezes confundo as coisas, buscando o reconhecimento em vez do serviço. Hoje, eu me arrependo e peço sua graça para servir aos outros. Amém.

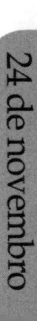
24 de novembro

Árvores e gramados

O SENHOR lhe disse: "Saia e fique no monte, na presença do SENHOR, pois o SENHOR vai passar". Então veio um vento fortíssimo que separou os montes e esmigalhou as rochas diante do SENHOR, mas o SENHOR não estava no vento. Depois do vento houve um terremoto, mas o SENHOR não estava no terremoto. Depois do terremoto houve um fogo, mas o SENHOR não estava nele. E depois do fogo houve o murmúrio de uma brisa suave.
1Reis 19.11-12

Nós já ouvimos histórias de pessoas que experimentaram uma mudança dramática na vida. Talvez nos sintamos desapontadas porque Deus não fez as coisas dessa maneira em nossa vida ou ansiemos por alguma forma notável de experiência espiritual. Uma amiga minha observou, certa vez, que Deus prova o seu poder por meio de trovões e relâmpagos, mas também por intermédio das árvores e dos gramados.

O poder demonstrado em um temporal é óbvio, mas, por vezes, temos visto o tranquilo crescimento das árvores e da grama do jardim. Quando Deus fez chover fogo diante dos sacerdotes de Baal, Elias observou o poder de Deus de uma maneira espetacular. Mais tarde, quando Elias estava cansado, com medo e na luta, Deus veio a ele em um sussurro suave. Às vezes, a voz de Deus troveja. Outras vezes, ela sussurra. Será que a estamos ouvindo?

Poderoso Deus,
Ajude-me a lembrar de que o Senhor está sempre trabalhando, seja de uma forma óbvia, seja de uma forma sutil. De qualquer maneira, seu caminho é o melhor. Amém.

25 de novembro

O que Deus deseja

Ofereça a Deus em sacrifício a sua gratidão, cumpra os seus votos para com o Altíssimo, e clame a mim no dia da angústia; eu o livrarei, e você me honrará.
Salmo 50.14-15

Deus nos fez, e o que ele pede de nós? Primeiro, ele deseja a nossa gratidão. Deus ficava satisfeito com os sacrifícios que os israelitas lhe ofereciam, mesmo possuindo todos os animais da floresta e das colinas. No fundo, ele realmente queria a gratidão dessas pessoas.

Em seguida, ele nos pede obediência. A obediência não é uma questão de ritualismo ou legalismo, mas é sobre a vida que brota de um coração que ama a Deus. Finalmente, Deus nos lembra de que ele ama ouvir e responder às nossas orações. A nossa dependência dele exibe sua glória aos que nos rodeiam. Que ofertas de gratidão, obediência e dependência de Deus você pode lhe oferecer hoje?

Deus,
Obrigada porque o que o Senhor deseja de nós não está fora de nosso alcance. Tudo o que o Senhor espera de nós começa em nosso coração. Amém.

Ore sobre tudo

Não andem ansiosos por coisa alguma, mas em tudo, pela oração e súplicas, e com ação de graças, apresentem seus pedidos a Deus. E a paz de Deus, que excede todo o entendimento, guardará o coração e a mente de vocês em Cristo Jesus.
Filipenses 4.6-7

O versículo é simples: "Não andem ansiosos por coisa alguma, mas em tudo, pela oração e súplicas, e com ação de graças, apresentem seus pedidos a Deus." Diversas vezes experimentamos dias estressantes por nos entregarmos às preocupações sem sequer orar sobre todas as coisas que estão envolvidas no que nos preocupa. Sou grata porque, quando Paulo nos deu esse alerta, ele não parou na frase "Não andem ansiosos". Sem algo para substituir a minha preocupação, eu teria dificuldade de enfrentar tudo isso.

Mas Paulo segue com algumas dicas úteis: "Ore sobre tudo." *Tudo*, nesse caso, realmente significa a totalidade da nossa vida e de cada pequena coisa que vivemos! Quando oramos sobre tudo, experimentamos a paz de Deus que guarda o nosso coração e nossa mente. Assim, "Não andem ansiosos por coisa alguma, mas em tudo, pela oração e súplicas, e com ação de graças, apresentem seus pedidos a Deus."

Pai,
Queremos orar mais e experimentar as maravilhas da paz que o Senhor nos oferece. Amém.

Deus se lembra

*Então Deus lembrou-se de Noé e de todos os animais selvagens e
rebanhos domésticos que estavam com ele na arca, e enviou então
um vento sobre a terra, e as águas começaram a baixar.*
Gênesis 8.1

Quer se trate de pagar o seguro, quer se trate de enviar um cartão de aniversário, quer se trate de trocar
o filtro de um aparelho, todas nós temos coisas de que
precisamos nos lembrar. Nas ocasiões em que as esquecemos, podemos nos sentir constrangidas, mas
percebemos que todos os seres humanos se esquecem
das coisas até com certa frequência. Deus, no entanto,
é diferente.

Ele sempre se lembra. Ele nunca se esqueceu de
levantar o sol da manhã ou de o mover até a noite.
Também nunca se esqueceu de trazer o inverno, a primavera, o verão nem o outono. Deus se lembrou de
Noé, assim como de Abraão, José, Davi e dos profetas.
É importante colocarmos a nossa fé em Deus, porque
ele se lembra de nós e de todas as coisas.

Pai,
Quando somos tentadas a pensar que o Senhor nos esqueceu, somos lembradas pelo seu Espírito de que o Senhor jamais esquece
dos seus. Obrigada, em nome de Jesus. Amém.

28 de novembro

Deus nos carrega

*"Escute-me, ó casa de Jacó, todos vocês que restam da
nação de Israel, vocês, a quem tenho sustentado desde que
foram concebidos, e que tenho carregado desde o seu nascimento.
Mesmo na sua velhice, quando tiverem cabelos brancos, sou eu
aquele, aquele que os susterá. Eu os fiz e eu os levarei;
eu os sustentarei e eu os salvarei".*
Isaías 46.3-4

Enquanto fazíamos passeios turísticos em Colônia, na
Alemanha, meu marido e eu subimos os quinhentos
degraus rumo ao topo da famosa catedral da cidade.
Enquanto descansávamos no ponto mais alto para recuperar o fôlego, assistimos a um pai chegando ao topo
com uma criança nos braços. O pai tinha feito a subida,
enquanto a criança apenas aproveitava o passeio.

Fomos aquecidos pelo amor e cuidado desse pai
para com o seu filho. Como uma pessoa adulta, não
sinto que preciso ser carregada fisicamente para qualquer lugar, mas sei que preciso ser amparada espiritual e emocionalmente. Sou grata porque o Deus que
me carregou amorosamente antes de eu nascer ainda
está disposto a me carregar agora e sempre.

Deus Pai,
Nós o louvamos por sua disposição em cuidar de nós. Amém.

Acesso a Deus

*Já não os chamo servos, porque o servo não sabe o que o seu
senhor faz. Em vez disso, eu os tenho chamado amigos, porque
tudo o que ouvi de meu Pai eu tornei conhecido a vocês.*
João 15.15

*Assim sendo, aproximemo-nos do trono da graça com toda
a confiança, a fim de recebermos misericórdia e encontrarmos
graça que nos ajude no momento da necessidade.*
Hebreus 4.16

Imagine que o presidente de seu país lhe enviou uma
carta pessoal informando-lhe que você poderá almoçar com ele, conversar ou fazer uma longa visita à resi-
dência oficial quando você quiser. Como você responde-
ria? Você aceitaria o convite ou o ignoraria?

Deus quer ter um relacionamento conosco, e quer
que sejamos suas amigas. Sendo assim, como devemos responder às suas propostas? O famoso escritor
J. Oswald Sanders disse uma vez que: "Cada um de
nós está tão perto de Deus quanto escolhemos estar."
Deus, o Criador e Redentor do mundo, nos fez um
convite especial para passarmos tempo com ele. Mas
quão próximos dele queremos estar?

Pai,
Somos gratas porque o Senhor quer que sejamos suas amigas.
Obrigada porque, por causa da obra de Jesus na cruz, podemos
ter acesso direto ao Senhor. Amém.

Dezembro

Um raio de esperança

*"Porque sou eu que conheço os planos que tenho para vocês",
diz o SENHOR, "planos de fazê-los prosperar e não de causar
dano, planos de dar a vocês esperança e um futuro".*
Jeremias 29.11

Todas nós estamos familiarizadas com situações difíceis como, por exemplo, pessoas que vivem com grande privação de recursos, com um casamento ferido por causa de uma traição ou a dura condição de pais que precisam sepultar seus filhos. Mesmo as pessoas fortes na fé experimentam dias de escuridão, enquanto lutam para encontrar um vislumbre de esperança.

O profeta Jeremias compreendeu o que era viver em melancolia. Ele fazia parte de uma comunidade que havia sido brutalmente arrastada para mais de mil quilômetros distante de sua casa, em Jerusalém. Muitos viram seus amigos e parentes morrerem e não tinham mais esperança de ver novamente as suas casas. Em meio a esse profundo desespero, Deus fez brilhar a luz da esperança e revelou ter bons planos para eles. As palavras de Jeremias, que resultam desse tempo de crise, ainda incentivam as pessoas hoje em dia. Deus tem bons planos para nós.

Senhor,
Alguns dias são muito escuros. Quando o futuro parece sombrio, ajude-nos a ver um raio de esperança e a entender que o Senhor tem bons planos para a nossa vida. Amém.

1º de dezembro

Perto de Cristo

Permaneçam em mim, e eu permanecerei em vocês.
Nenhum ramo pode dar fruto por si mesmo se não
permanecer na videira. Vocês também não podem
dar fruto, se não permanecerem em mim.
João 15.4

O verbo permanecer (manter; continuar) é usado por João 11 vezes no capítulo 15 do seu evangelho! Estar em um estreito relacionamento com Cristo produz em nós amor, alegria, paciência, amabilidade, bondade, fidelidade, mansidão e autocontrole. Essas coisas redundam em glória a Deus e mostram o amor de Cristo aos outros.

Como vamos continuar, permanecer ou nos manter em Cristo? Quando decidimos ler a Bíblia, quando desejamos adorar a Deus, quando confessamos os nossos pecados e quando buscamos obedecer aos seus mandamentos porque o amamos. Essas coisas não vêm automaticamente. Elas precisam ser cultivadas. Mas quando experimentamos o fruto da vida que permanece em Jesus Cristo, não desejamos viver nada diferente dela.

Pai,
Queremos viver em intimidade com o Senhor. Obrigada por querer estar perto de nós. Amém.

2 de dezembro

A torre poderosa

Desde os confins da terra eu clamo a ti com o coração abatido;
põe-me a salvo na rocha mais alta do que eu. Pois tu tens sido o
meu refúgio, uma torre forte contra o inimigo.
Salmo 61.2-3

Um dos mais populares destinos turísticos do mundo é a Torre de Londres. Projetada por William, o Conquistador, em 1078, é um conjunto de fortalezas cercada por dois anéis de segurança e um fosso.

A torre já funcionou como uma fortaleza, um palácio real e uma prisão. Ela também já foi um jardim zoológico, uma casa da moeda, um arsenal de guerra e passou a abrigar as joias da Coroa desde 1303.

Durante o curso da história, as pessoas têm procurado proteger bens terrenos buscando o apoio da segurança de fortalezas como essa. Deus nos oferece sempre a máxima segurança e é uma fortaleza intransponível para a nossa alma. Só ele pode realmente nos proteger dos inimigos da vida, sejam eles circunstâncias, sejam pessoas.

Deus,
As circunstâncias da minha segurança podem mudar, mas o Senhor nunca muda. O Senhor é a minha fortaleza! Amém.

Deus continua a obra que começou

Estou convencido de que aquele que começou boa obra em vocês, vai completá-la até o dia de Cristo Jesus.
Filipenses 1.6

As palavras acima me incentivaram em um período muito escuro da minha vida. Sentindo-me mergulhada em dor e tristeza, o desespero tomava o meu coração e eu lutava para continuar vivendo em meio a todo o sofrimento. Numa tarde, enquanto dirigia por uma via expressa, ouvi uma música no rádio que continha as palavras de Filipenses 1.6.

Fiquei tão tomada pela emoção, que parei o carro no acostamento, ao lado da estrada. Eu chorava tanto, que era impossível continuar dirigindo com segurança. Fui renovada e encorajada pela certeza de que Deus não desistia da minha vida, nem da vida daqueles que eu tanto amo. A obra que ele inicia em nosso coração, quando cremos em seu Filho, continua em execução até que ele volte para nos buscar.

Deus,
Obrigada pela boa obra que o Senhor começou em minha vida. E obrigada por continuar este bom trabalho. Amém.

Celebre

*Louvem o SENHOR, pois o SENHOR é bom; cantem
louvores ao seu nome, pois é nome amável.*
Salmo 135.3

Se você gosta de ocasiões festivas, aqui está uma boa
notícia. O Reino de Deus é uma permanente comemoração, celebrando Deus e sua bondade para conosco.
Apesar do fato de que nós, seres humanos, às vezes,
nos rebelamos contra Deus, ele ainda nos resgata. Isso
é algo para comemorarmos! Podemos celebrar logo de
manhã, agradecendo a Deus por estarmos vivas.

No almoço, podemos celebrar a sua generosidade,
por ele prover a nossa refeição. À noite, podemos celebrá-lo com gratidão por termos mente capaz de recordar e processar os variados eventos e movimentos
do dia. E o mais importante, podemos celebrar o dom do
perdão que Deus nos ofereceu por intermédio de Jesus
Cristo. Isso é tão maravilhoso que será celebrado por
toda a eternidade.

Deus,
Temos incontáveis razões para celebrar o Senhor. Amém.

Mantendo as coisas unidas

Ele é antes de todas as coisas, e nele tudo subsiste.
Colossenses 1.17

Existe, atualmente, uma infinidade de teorias sobre como o mundo pode ser unido. Alguns pensam em modelos políticos e econômicos, outros acreditam que a unidade da sociedade depende da ação de indivíduos. Na comunidade acadêmica, os cientistas elaboram conceitos tendo em vista o resultado de estudos feitos com partículas reagentes. Poetas dizem que o amor e a amizade têm o poder de unir o mundo, enquanto em algum outro lugar novos argumentos são pensados.

A Bíblia diz que Cristo mantém toda a Criação unida. Ele existia antes de qualquer outra coisa. Ele criou todas as coisas. Ele é o objetivo de toda a Criação, e nos mantém unidos nele. Sabendo que Cristo fez tudo isso, certamente podemos confiar a nossa vida, a nossa família e os nossos problemas a ele.

Pai,
Como poderíamos enfrentar mais um dia com confiança, se não soubéssemos que o Senhor mantém todas as coisas unidas? Obrigada pela confiança que encontramos no Senhor. Amém.

Procure conselheiros

*Sem diretrizes a nação cai; o que a salva é
ter muitos conselheiros.*
Provérbios 11.14

Se estamos lutando com problemas em nossa vida, em nosso trabalho ou em nossos relacionamentos, procurar o conselho e a orientação de alguém é uma decisão inteligente a tomar. Na verdade, a Bíblia vai mais longe dizendo que, quando não procuramos uma sábia liderança, estamos suscetíveis a tropeçar, cair ou errar. Mas como podemos encontrar uma liderança sábia? Fique de olho nas pessoas que são sensíveis, perceptivas e discretas.

Algumas vezes aprendemos apenas observando. Outras vezes, quando necessitamos de ajuda mais específica, podemos perguntar a uma pessoa sábia se ela está disposta a compartilhar capacidade, conhecimento ou orientações conosco. Quando buscamos pessoas sábias para nos aconselhar e nos fornecer recomendações importantes, podemos ter acesso a uma maior proteção e a uma nova perspectiva. E nos beneficiamos muito quando agimos dessa maneira.

Pai,
É preciso coragem e humildade para buscar conselheiros. Por favor, ajude-nos a buscar por eles antes que seja tarde demais. Amém.

7 de dezembro

Mensagem para todos

Havia pastores que estavam nos campos próximos e durante a noite tomavam conta dos seus rebanhos. E aconteceu que um anjo do Senhor apareceu-lhes e a glória do Senhor resplandeceu ao redor deles; e ficaram aterrorizados. Mas o anjo lhes disse: "Não tenham medo. Estou trazendo boas-novas de grande alegria, que são para todo o povo: Hoje, na cidade de Davi, nasceu o Salvador, que é Cristo, o Senhor".

Lucas 2.8-11

Muitas pessoas celebram o nascimento de Jesus indo a um culto em uma igreja. É interessante que quando Deus enviou um anjo para anunciar o nascimento do Salvador, ele não o enviou a uma igreja ou a um templo. Deus enviou o anjo diretamente às pessoas que nem sequer frequentavam igreja! Naquela cultura, pastores não participavam das atividades religiosas de sua comunidade, já que não eram bem-vindos.

Mas Deus sempre se revela aos humildes, e, naquela ocasião, ele escolheu os pastores. A boa-nova anunciada há muito tempo ainda é uma boa notícia hoje. Não importa qual seja o nosso país, história familiar, religião, emprego ou formação educacional, a mensagem que proclama que Jesus salva é para todos.

Pai,
Obrigada por seu amor que transcende todas as fronteiras humanas e atinge a todos, sem distinção. Amém.

8 de dezembro

Fonte inesgotável

Jesus respondeu: "Quem beber desta água terá sede outra vez,
mas quem beber da água que eu lhe der nunca mais terá sede.
Pelo contrário, a água que eu lhe der se tornará nele
uma fonte de água a jorrar para a vida eterna".
João 4.13-14

Borbulhando até a superfície da terra, existem, na Flórida, mais de 33 nascentes de água doce. Essas fontes têm uma produção de mais de três metros cúbicos de água por segundo! Isso é quase 2.850 litros de água.

Jesus estava procurando água quando, cansado, sentou-se junto a um poço. Ali, estava também uma mulher retirando água e ouviu Jesus pedir um pouco de água. Ela não conhecia Jesus, mas ele sabia tudo sobre ela. Sabia que a sede daquela mulher não era apenas física, mas, principalmente, espiritual. No poço, Jesus lhe ofereceu a "água viva", que brota do próprio Cristo e tem o poder de saciar a sede da alma. Ele também oferece essa mesma água viva a cada uma de nós hoje. Sacie sua sede em Jesus!

Querido Jesus,
Não é riqueza, status, posse ou qualquer outra coisa que sacia a sede que sinto em minha vida. Ajude-me a entender que a sede da minha alma é saciada pelo Senhor. Amém.

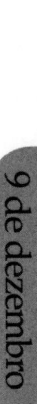

9 de dezembro

O som forte do amor

Abismo chama abismo ao rugir das tuas cachoeiras; todas as tuas ondas e vagalhões se abateram sobre mim. Conceda-me o SE-NHOR o seu fiel amor de dia; de noite esteja comigo a sua canção. É a minha oração ao Deus que me dá vida.

Salmo 42.7-8

Em uma viagem para as Cataratas do Niágara, meu marido e nosso filho decidiram caminhar ao longo do calçadão perto da base das cachoeiras. Eles notaram no mapa um ponto especial, chamado de "O deck do furacão". Sorrindo por conta da imagem que esse nome criava na mente deles, eles se dirigiram até o local. Era um deck que recebia muito vento e que ficava na base das quedas, e chegava a receber mais de dois milhões de litros de água por segundo, rugindo sobre as cachoeiras.

Às vezes, as circunstâncias de nossa vida nos fazem sentir como se estivéssemos sendo inundadas pelas ondas violentas de um furacão. Felizmente, o salmista nos lembra de uma força mais potente do que as pressões da vida: o amor infalível de Deus.

Senhor Deus,
Nas lutas da vida, ajude-me a lembrar de que o simples e aparente sussurro de seu amor infalível é mais forte do que as circunstâncias à minha volta. Amém.

Na presença da realeza

Por intermédio de quem temos livre acesso a
Deus em confiança, pela fé nele.
Efésios 3.12

Desde que escrevi um trabalho escolar sobre Luxemburgo, quando ainda estava no quarto ano, eu sonhava, um dia, poder visitar esse pequeno país europeu. Então, vamos fingir por um momento que recebi um convite não só para visitar Luxemburgo, mas também para ser recebida pelo chefe de Estado, o grão-duque Henri. Isso seria um pouco intimidador, pois o grão-duque Henri não tem motivos para estar interessado em me receber.

A relação com Deus, que é o Rei do universo, é totalmente diferente. Ele provou o quanto se preocupa conosco, quando deu a vida de Jesus por nós. Como é o único que garantiu nosso relacionamento com ele, podemos chegar à sua presença com confiança e certeza. Assim, de fato, podemos ter uma relação com a realeza!

Pai,
Eu lhe agradeço porque posso estar constantemente em sua presença. Amém.

11 de dezembro

Deus conta nossas lágrimas

*Registra, tu mesmo, o meu lamento; recolhe as minhas lágrimas
em teu odre; acaso não estão anotadas em teu livro?*
Salmo 56.8

Uma coisa que aprecio nas minhas amigas é a preocupação que elas têm comigo. É muito importante saber que posso contar com a celebração delas nos meus dias alegres e com a solidariedade que me oferecem nos dias tristes. Nos dias em que a tristeza ou a angústia me fazem chorar, sinto-me amada por saber que nelas encontro um ombro amigo e consolo para as minhas lágrimas. Por meio da vida delas, percebo o quanto Deus se importa com minha dor. Ele conta cada uma das lágrimas que derramo.

Pensar que o Deus que nos criou e nos sustenta também coleta e registra nossas lágrimas é surpreendente. Ele realmente se preocupa conosco.

Bondoso Pai,
Obrigada por cuidar de nós. Amém.

Cuidado com as palavras

Nenhuma palavra torpe saia da boca de vocês, mas apenas
a que for útil para edificar os outros, conforme a necessidade,
para que conceda graça aos que a ouvem.
Efésios 4.29

Quando começamos a crer que Cristo e o Espírito de Deus residem em nosso coração, é como se cada uma de nós recebesse uma palavra pessoal diretamente de um terapeuta. O Espírito de Deus é *expert* em transformação de corações. Ele troca palavras de maldição e amargura por palavras que abençoam e edificam pessoas.

"Mude o coração", diz Warren Wiersbe, "e você muda o discurso". Quanto mais nosso coração for preenchido com o amor de Cristo, mais nossas palavras serão boas, úteis e encorajadoras para as pessoas ao nosso redor. Quando estivermos em dúvida sobre o que dizer, ou qualquer outro tipo de dúvida, é prudente perguntarmos a nós mesmos: "Isso é bom?", "É útil?", "É encorajador?"

Pai,
As palavras são muito poderosas. Por favor, ajude-nos a escolher as palavras que são boas e úteis. Amém.

13 de dezembro

Pastor da minha vida

E abençoou a José, dizendo: "Que o Deus, a quem serviram
meus pais Abraão e Isaque, o Deus que tem sido o meu
pastor em toda a minha vida até o dia de hoje, o Anjo que
me redimiu de todo o mal, abençoe estes meninos. Sejam eles
chamados pelo meu nome e pelos nomes de meus pais
Abraão e Isaque, e cresçam muito na terra".
Gênesis 48.15-16

Jacó, um dos maiores personagens do Antigo Testamento, disse o que considero ser algumas das mais belas palavras da Bíblia: "O Deus que tem sido o meu pastor em toda a minha vida." Eu me identifico com essas palavras, porque Deus é meu pastor fiel também. As palavras de Jacó oferecem incentivo especial para quem já foi rebelde ou se preocupa com alguém rebelde.

Quando jovem, Jacó era um homem desonesto. Pela graça de Deus, porém, a sua vida mudou. Apesar de um começo difícil, Jacó acabou se submetendo à liderança de Deus e encontrou nele o seu pastor fiel por toda a vida. Quando nos submetemos a Deus, também descobrimos que ele é o nosso fiel pastor.

Pai,
Obrigada por ser um pastor fiel, que cuida de nós e das pessoas que tanto amamos. Amém.

Orquestrações de Deus

*"Mas tu, Belém-Efrata, embora pequena entre os clãs de Judá,
de ti virá para mim aquele que será o governante sobre Israel.
Suas origens estão no passado distante, em tempos antigos".*
Miqueias 5.2

Jesus nasceu em Belém.
Mateus 2.1

Embora Rute tenha nascido em Moabe, Deus a levou para Belém. Após perder seu marido, ter que se mudar para esse novo e estranho lugar deve ter sido um enorme inconveniente. Mas Deus precisava de Rute em Belém. Ele planejou tudo para que ela se tornasse a bisavó do rei Davi.

Anos mais tarde, Maria e José tiveram de viajar para Belém, para cumprir obrigações relativas a cadastramento e tributação. Imagine uma viagem de mais de 120 quilômetros sob o lombo de um jumento, justamente quando Maria estava prestes a dar à luz um bebê! Mas Deus estava cumprindo a profecia de Miqueias e realizando ainda uma outra parte de seu plano para o mundo. O Deus que orquestrou os eventos na vida de Rute, de Davi, de Maria e de José é o mesmo Deus que orquestra tudo em nossa vida hoje.

Onisciente Deus,
Obrigada porque seus planos são bons e porque o Senhor está no controle. Amém.

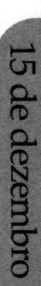

15 de dezembro

O convite de Jesus

Quando Jesus chegou àquele lugar, olhou para cima e lhe disse:
"Zaqueu, desça depressa. Quero ficar em sua casa hoje".
Então ele desceu rapidamente e o recebeu com alegria.
Lucas 19.5-6

Zaqueu era conhecido por duas coisas: ele era baixinho e traidor. Como cobrador de impostos, ele aproveitava as oportunidades para tirar um pouco mais de seu povo em sua coleta de impostos, guardando parte do dinheiro para ele mesmo. Dessa forma, Zaqueu viveu a vida como um pária da sociedade judaica. Mal sabia ele, porém, que Deus o conhecia muito bem.

Quando Jesus, o Filho de Deus, passou por Zaqueu, ele o chamou e disse que queria visitar a casa dele. O encontro mudou a vida de Zaqueu. Jesus também nos chama pelo nome. Ele vem ao nosso encontro, em nossas circunstâncias, e nos muda de dentro para fora.

Senhor,
Obrigada porque, apesar de meus defeitos e falhas, o Senhor me notou, me chamou e transformou a minha vida. Amém.

16 de dezembro

Não desista

Em ti os nossos antepassados puseram a sua confiança;
confiaram, e os livraste. Clamaram a ti, e foram libertos;
em ti confiaram, e não se decepcionaram.
Salmo 22.4-5

Você reluta em orar porque não tem total certeza da eficácia de sua oração? Ao que parece, Davi também passou por isso. Ele iniciou o Salmo 22 com a frase: "Meu Deus! Meu Deus! Por que me abandonaste? Por que estás tão longe de salvar-me, tão longe dos meus gritos de angústia?"

Depois que Davi expressou seus sentimentos a Deus, ele fez duas coisas úteis. Primeiro, olhou para o alto e reconheceu a santidade e a soberania de Deus. Ele também olhou para trás e recordou as vezes em que seus antepassados clamaram a Deus e foram resgatados. Quando lutamos em oração, olhando para o Senhor e para a história dos feitos de Deus, isso também nos ajuda. Confiando em Deus, jamais seremos desencorajadas.

Pai,
A honestidade de Davi é estimulante. Por favor, ajude-nos a nunca desistir de confiar no Senhor. Amém.

Um lembrete para amar

E agora eu lhe peço, senhora — não como se estivesse escrevendo
um mandamento novo, o que já tínhamos desde o princípio —
que nos amemos uns aos outros. E este é o amor: que andemos em
obediência aos seus mandamentos. Como vocês já têm ouvido des-
de o princípio, o mandamento é este: Que vocês andem em amor.
2João 1.5-6

Às vezes nos lembramos de comprar roupas, produtos de limpeza, fazer o pagamento de uma conta ou de agendar um horário no salão para fazer o cabelo. Será que procuramos não esquecer de amar as pessoas? Esse é o assunto tratado pelo apóstolo João em sua segunda carta. Ele estimulou os crentes em Cristo a se amarem.

Amar pode incluir sentimentos intensos e fortes emoções, mas o amor que vamos mostrar uns aos outros é essencialmente um ato da vontade. É possível agirmos por amor, mesmo quando não nos sentimos amorosos. Devemos atentar para o que nos ensina a Palavra de Deus e, assim, procurarmos tratar as pessoas da maneira como Deus nos tratou, com paciência, bondade, generosidade e compaixão. João nos lembrou de um mandamento antigo: AMAR.

Pai,
Precisamos da sua ajuda para amar uns aos outros. Amém.

18 de dezembro

Como um rio

Ali o SENHOR será o Poderoso para nós. Será como uma região de rios e canais largos, mas nenhum navio a remo os percorrerá, e nenhuma nau poderosa velejará neles.
Isaías 33.21

Os escritores bíblicos usavam muitas imagens para descrever Deus, sendo uma delas a de um rio. Historicamente, grandes rios forneciam proteção para as cidades próximas deles. Pense, por exemplo, no Nilo, que era a fonte de vida da antiga civilização egípcia. Outro, que é um dos maiores rio do mundo, é o Yangtze, na China. O chinês comumente diz que "Se você não viajou até o poderoso Yangtze, você ainda não foi a lugar nenhum!"

Mesmo se você combinar toda a força do Nilo, do Yangtze, do Amazonas e do Reno, não daria para comparar com o poder de Deus. O Deus Todo-poderoso tem um poder que é divino, ilimitado e irrestrito. Por isso, é um privilégio incrível poder estar em um relacionamento com o Senhor. Quando estamos em comunhão com ele, experimentamos o seu poder ilimitado em nossa vida.

Poderoso Deus,
Somos gratas porque podemos viver em um real relacionamento com o Senhor e experimentar seu poder pessoalmente. Amém.

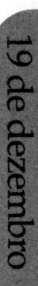

19 de dezembro

No lugar certo e no tempo certo

Depois que partiram, um anjo do Senhor apareceu a José em sonho e lhe disse: "Levante-se, tome o menino e sua mãe, e fuja para o Egito. Fique lá até que eu diga a você, pois Herodes vai procurar o menino para matá-lo".
Mateus 2.13

Recentemente, assistindo ao filme *Jesus: A história do nascimento*, lembrei-me do completo controle de Deus na história. Durante o tempo instável do nascimento de Jesus, poderia ter havido inúmeras chances de algo terrível acontecer com José, Maria ou Jesus. Mas Deus estava preservando a vida deles para fins especiais.

Ele os conduzia pelos lugares certos e pelos momentos certos a fim de nos trazer o Salvador. Você já teve momentos em que desejou saber o que Deus estava fazendo em sua vida? Lembre-se de como Deus cuidou de Maria, de José e de Jesus, e se sinta inspirada a acreditar que ele vai cumprir todos os propósitos dele para a sua vida também.

Pai,
O Senhor está no controle de todas as coisas. Ajude-nos a permanecer confiantes, mesmo quando as coisas não parecem fazer sentido. Amém.

Morte e impostos

"Devemos pagar ou não?" Mas Jesus, percebendo a hipocrisia
deles, perguntou: "Por que vocês estão me pondo à prova?
Tragam-me um denário para que eu o veja". Eles lhe trouxeram
a moeda, e ele lhes perguntou: "De quem é esta imagem e esta
inscrição?""De César", responderam eles. Então Jesus lhes disse:
"Deem a César o que é de César e a Deus o que é de Deus".
E ficaram admirados com ele.
Marcos 12.15-17

Alguém já disse que "As únicas coisas certas na vida são a morte e os impostos!" A maioria dos governos recolhe impostos para fornecer à população os serviços públicos de que todos necessitam e esperam. Mesmo que, por vezes, paguemos impostos a contragosto, seria ruim se nossas estradas não existissem, ou se nossos aeroportos, de repente, fossem fechados!

Enquanto o poder de um governo pode parecer esmagador ou muitas vezes corrupto, existe uma autoridade superior à qual cada governo deve satisfação. Em sua grande sabedoria, Jesus afirmou tanto a legitimidade do governo humano quanto a autoridade do Reino de Deus. Ambos se destinam à nossa proteção.

Soberano Deus,
Dê-me a graça de respeitar aqueles que têm autoridade sobre mim, percebendo que toda a Criação pertence ao Senhor. Amém.

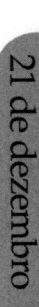

21 de dezembro

Amor feroz

Por causa da violenta matança que você fez contra o seu irmão Jacó, você será coberto de vergonha e eliminado para sempre. No dia em que você ficou por perto, quando estrangeiros roubaram os bens dele, e estranhos entraram por suas portas e lançaram sortes sobre Jerusalém, você fez exatamente como eles.
Obadias 1.10-11

Para entendermos o que Deus estava dizendo por meio do profeta Obadias, precisamos de uma breve contextualização. Israel havia descendido de Jacó, enquanto a nação de Edom era de descendentes de Esaú. O conflito que as duas nações experimentaram nos dias de Obadias pode ser rastreado e compreendido até o famoso conflito da primogenitura entre Jacó e Esaú.

Em Obadias, Deus se levantou contra os edomitas como uma mãe urso protegendo seus filhotes. O amor de Deus por seus filhos era tão feroz, que ele não negligenciou o que estava acontecendo. Quando o povo de Deus está em necessidade, não devemos nos afastar de seus problemas nem tripudiar deles. Deus é um incansável protetor de seus filhos, e quer ajudá-los em seus momentos de necessidade.

Pai,
Que possamos sempre cuidar e amar todos os seus filhos. Amém.

22 de dezembro

Nada é para sempre

*Então o anjo me mostrou o rio da água da vida que,
claro como cristal, fluía do trono de Deus e do Cordeiro,
no meio da rua principal da cidade. De cada lado do rio estava
a árvore da vida, que frutificava doze vezes por ano, uma vez
por mês. As folhas da árvore servem para a cura das nações.*
Apocalipse 22.1-2

O filme *Nada é para sempre* narra a vida de dois irmãos criados na casa de um pastor, onde "não havia nenhuma linha divisória entre religião e pesca". É uma história de relações e lutas, lembrando-nos do quanto todos nós somos frágeis.

Em Apocalipse, somos informadas de um rio que corre no céu. Em suas margens estão árvores frutíferas que trazem cura para aqueles que enfrentam as dificuldades da vida, mas que chegaram ao lar celestial pela fé em Cristo. Lá, a vida não será apenas algo acerca de pesca ou de religião, mas sobre a presença de Deus, que nos curará de todos os problemas da vida.

Senhor,
Como precisamos de sua cura! Estamos ansiosas para ver o rio cristalino em nossa futura casa celestial. Amém.

Pastor e cordeiro

"Eu sou o bom pastor. O bom pastor dá a sua vida pelas ovelhas".
João 10.11

Na primeira noite de Natal, a Boa-Nova do nascimento de Jesus, em Belém, foi anunciada por um anjo aos pastores que estavam cuidando de seus rebanhos, fora de Jerusalém. Os rebanhos sob seus cuidados eram frágeis ovelhas, e algumas estavam sendo criadas para, um dia, quem sabe, serem sacrificadas. Sacrifícios simbolizavam o quanto o homem devia a Deus, como consequência do pecado. As ovelhas que eram destinadas ao sacrifício, um dia, ficariam no lugar de pessoas. Sim, um animal morreria no lugar de uma pessoa.

Não é curioso, então, que a Boa-Nova sobre Jesus, o Bom Pastor que sacrificaria sua vida pelos nossos pecados, tenha sido anunciada exatamente aos pastores que estavam criando e cuidando de cordeiros que poderiam ser sacrificados? Cristo tornou-se tanto o nosso Pastor como o nosso Cordeiro sacrificial!

Precioso Jesus,
Porque o Senhor deu a sua vida por nós, podemos confiar na sua liderança. Amém.

24 de dezembro

Iluminando a escuridão

Eu vim ao mundo como luz, para que todo aquele que
crê em mim não permaneça nas trevas.
João 12.46

Eu poderia olhar para a obra de Rembrandt, *A adoração dos pastores*, por um longo tempo. A pintura é sobre o menino Jesus, deitado em uma manjedoura e iluminando um estábulo que estava, naquele momento, escuro. Uma das técnicas que Rembrandt utilizava era o *chiaroscuro*, que criava fortes contrastes entre luz e escuridão. Ele usou a parte mais brilhante da pintura para iluminar as partes mais escuras.

Nessa pintura sobre a Natividade, as pessoas cujos rostos refletem o máximo de luz são as que estão mais próximas de Jesus. Essa é a forma como ele funciona na vida real também. Quando nos aproximamos mais de Jesus por meio da fé, da oração e do tempo com a Palavra, a escuridão do pecado se dissipa, enquanto a luz de Jesus brilha em nós.

Pai,
Obrigada por brilhar a sua luz em nossa escuridão. Nosso desejo é estar sempre perto do Senhor. Amém.

Fiel como Simeão

Simeão o tomou nos braços e louvou a Deus, dizendo:
"Ó Soberano, como prometeste, agora podes despedir em paz
o teu servo. Pois os meus olhos já viram a tua salvação,
que preparaste à vista de todos os povos: luz para revelação
aos gentios e para a glória de Israel, teu povo".
Lucas 2.28-32

Por meio de uma pequena história, podemos aprender muito sobre um grande personagem. Simeão era justo, devoto e, ansiosamente, esperava pelo Messias. Ele era cheio do Espírito do Senhor, e Deus lhe havia prometido que ele não morreria sem antes ver o Messias. No dia em que Maria e José levaram o menino Jesus ao templo para ser dedicado, o Espírito de Deus levou Simeão ao templo, onde ele proferiu essa bela bênção mencionada anteriormente.

Simeão é um grande modelo para nós. Sua vida nos encoraja a ver Deus como Soberano e, ao mesmo tempo, ver a nós mesmas como servas de Deus. Por intermédio da experiência desse homem, somos lembradas de que Deus sempre cumpre suas promessas, e que a salvação do Senhor está disponível a todos.

Soberano Senhor,
Que possamos ser servas fiéis, como Simeão foi. Amém.

Ana aguardava

*Todos estes ainda viveram pela fé e morreram sem receber o que
tinha sido prometido; viram-no de longe e de longe o saudaram,
reconhecendo que eram estrangeiros e peregrinos na terra.*
Hebreus 11.13

*[Ana] tendo chegado ali naquele exato momento, deu graças
a Deus e falava a respeito do menino a todos os que
esperavam a redenção de Jerusalém.*
Lucas 2.38

Em uma famosa pintura intitulada *A Profetisa Ana*,
Rembrandt capturou a dignidade da velha viúva.
Sentada sozinha em uma cadeira, Ana está lendo
uma cópia das Escrituras de sua época, com a mão
direita (apontando para as palavras na página) inun-
dada de luz.

Embora essa mulher idosa, com pele enrugada e
fina não seja considerada atraente pelos padrões da
nossa sociedade, sua beleza me levou às lágrimas.
Ana estava esperando Jesus, o Redentor, e Deus lhe
permitiu viver o suficiente para vê-lo. Eu quero amar a
Palavra de Deus, ser dedicada a Deus e ter um coração
que espera, como o de Ana.

Pai,
Ana irradiava devoção a Deus. Que eu possa olhar para o Senhor
com a mesma expectativa dela. Amém.

A brilhante Estrela da Manhã

Eu o vejo, mas não agora; eu o avisto, mas não de perto.
Uma estrela surgirá de Jacó; um cetro se levantará de Israel.
Números 24.17a

Depois que Jesus nasceu em Belém da Judeia, nos dias do
rei Herodes, magos vindos do Oriente chegaram a Jerusalém e
perguntaram: "Onde está o recém-nascido rei dos judeus?
Vimos a sua estrela no Oriente e viemos adorá-lo".
Mateus 2.1-2

"Eu sou a Raiz e o Descendente de Davi,
e a resplandecente Estrela da Manhã".
Apocalipse 22.16b

Se a estrela que guiou os magos até Jesus era uma luz temporária e sobrenatural, só saberemos ao chegar ao céu. Mas o que sabemos é que a estrela foi profetizada em Números e cumprida em Mateus, e os homens sábios do Oriente que viajaram milhares de quilômetros em busca de Jesus a encontraram.

Como ele é o único no mundo que pode trazer a salvação para um coração que busca, aquelas de nós que o buscam o encontrarão, para que ele seja a nossa brilhante "Estrela da Manhã".

Pai,
Somos gratas pela luz que o Senhor traz para nossa vida. Amém.

Mulheres sábias

Estes são os provérbios de Salomão, filho de Davi, rei de Israel.
Eles ajudarão a experimentar a sabedoria e a disciplina;
a compreender as palavras que dão entendimento;
Provérbios 1.1-2

Passar tempo lendo o livro de Provérbios nos encoraja a fazer o que é certo, justo e correto. O livro nos ensina a sabedoria e a disciplina e nos ajuda a compreender quão sabiamente algumas pessoas pensam. Imagine o que poderia acontecer se pudéssemos ler um capítulo de Provérbios em cada dia do ano (Capítulo 1 em 1º de janeiro, Capítulo 2 no dia 2 de janeiro, e assim por diante).

Se fizéssemos isso, iríamos ler cada capítulo de Provérbios 12 vezes durante um ano. Ou, se escolhêssemos ler dois ou três versículos a cada dia, conseguiríamos ler todos os provérbios, pelo menos uma vez em um ano. Se formos mais ousadas, poderemos impulsionar o nosso desejo de crescer em sabedoria, por meio da leitura de todo o livro de Provérbios em uma única leitura de um dia. Leva cerca de 75 minutos, o que representa um grande investimento em sabedoria e disciplina.

Deus sábio,
À medida que nos aproximamos do Senhor por meio de sua Palavra, nós nos tornamos mulheres mais sábias. Obrigada. Amém.

29 de dezembro

Alertas gentis

Porque o SENHOR não o desprezará para sempre.
Embora ele traga tristeza, mostrará compaixão, tão grande
é o seu amor infalível. Porque não é do seu agrado trazer
aflição e tristeza aos filhos dos homens.
Lamentações 3.31-33

Imagine uma mãe amorosa que, frequentemente, adverte seu filho para não tocar no fogão. A criança, no entanto, descobriu que conseguia subir no fogão e pensou que não podia ser tão ruim assim tocar nele. Um dia, quando a mãe se afastou do fogo para colocar uma panela na pia, a criança correu para o fogão, tocou a chama e queimou os dedos.

Nós, como filhas de Deus, às vezes, somos como essa criança. Se não levarmos as advertências de Deus a sério descobriremos, mais cedo ou mais tarde, que o pecado traz tristeza e tragédia. Mas, ainda assim, diante de nossa dor, Deus não fica de braços cruzados, dizendo "Eu falei que isso iria acontecer!" Mesmo quando experimentamos as dolorosas consequências do pecado, ele é sempre cheio de compaixão e de uma adorável gentileza. Deus tem um coração terno para com todos os seus filhos.

Pai,
Obrigada por seu amor compassivo. Amém.

Tempo de contar

"O senhor respondeu: 'Muito bem, servo bom e fiel!
Você foi fiel no pouco; eu o porei sobre o muito.
Venha e participe da alegria do seu senhor!'"
Mateus 25.21

Muitas pessoas temem as aulas de contabilidade! Os detalhes de todos os conceitos e o que colocar em cada coluna parecem assustadores. Mas a vida é cheia de contabilidade. Quer se trate de uma criança que seja convidada a explicar suas ações, quer se trate de uma declaração anual do imposto de renda ou de um empregado responsável por uma empresa e sua produtividade, a prestação de contas é um princípio de vida.

Jesus contou uma história sobre um certo mestre e seu servo preparando seus ouvintes para o mais importante dia da prestação de contas universal: o Dia do Julgamento. Sua mensagem estava repleta de boas notícias para aqueles que haviam escutado com fé e crido em quem ele era. Seus atos de bondade iriam refletir a vida de seu Espírito neles, e ele os iria convidar para a grande celebração.

Deus,
Obrigada por ter falado palavras de vida em meu coração para o crescimento da minha fé. Quero oferecer meus dons ao Senhor. Amém.

31 de dezembro